Begegnung mit Bäumen

Begegnung mit Bäumen

Fotografiert und beschrieben von Wolf Hockenjos

DRW-Verlag Stuttgart

ISBN 3 87181 006 1

© 1978 by DRW-Verlag Weinbrenner KG Stuttgart.
Alle Rechte vorbehalten.
Satz: Anton Herkner, Graphisches Atelier, Stuttgart
Reproduktionen: Gustav Dreher, Stuttgart
Druck: Karl Weinbrenner & Söhne, Stuttgart
Papier: BVS mit Stern, holzfrei mattgestrichen
Bilderdruck, 135 g/qm. Papierfabrik Scheufelen,
Lenningen 1
Bindearbeiten: Karl Dieringer, Stuttgart

Bestellnummer: 006

Inhalt

Geleitwort

Das Land Baden-Württemberg, in dem die Bäume des vorliegenden Bildbands wachsen, ist auf 37 Prozent seiner Fläche bewaldet. Die Bevölkerung gilt als besonders waldfreundlich und heimatverbunden. Dank der guten klimatischen und geologischen Voraussetzungen finden Bäume hier günstige Wuchs-bedingungen vor. Im Fremdenverkehr, einem wichtigen Erwerbszweig unseres Landes, genießen seine Waldgebirge einen vorzüglichen Ruf weit über die Grenzen hinaus.

Dennoch soll hier nicht der Versuch unternommen werden, Baden-Württem-berg als Paradies, als Musterland der Bäume darzustellen. Falsch wäre auch der Eindruck, es sei hierzulande im Umgang mit Bäumen weniger gesündigt worden als in anderen hochindustrialisierten Ländern, als stünden nicht auch hier täglich Bäume im Weg.

Der fortschreitenden Verarmung an eindrucksvollen alten Baumgestalten versuchte man in Mitteleuropa erstmals um die Jahrhundertwende entgegen-zuwirken. Im damaligen Großherzogtum Baden und im Königreich Württem-berg bemühte man sich, für dieses Unternehmen auch die Öffentlichkeit zu gewinnen. Mit Unterstützung des Großherzoglichen Ministeriums der Justiz, des Kultus und Unterrichts erschien im Jahr 1908 das Buch »Bemerkenswerte Bäume im Großherzogtum Baden« von Ludwig Klein. Im Jahr 1911 gab die Königlich Württembergische Forstdirektion ein »Schwäbisches Baumbuch« heraus, bearbeitet von Forstrat Speidel, »Mitglied des Kollegiums der Forst-direktion und bei derselben zur Vertretung der Sache des Heimatschutzes bestellt«, und Forstassessor Otto Feucht, nachmals einer der profiliertesten Naturschützer Württembergs.

Seit jenen Veröffentlichungen sind Weltkriege, Wirtschaftskrisen, Brennholz-nothiebe, Einschläge für die Besatzungsmächte, Stürme, Schädlingskalami-täten und Brände über unsere Wälder gegangen. Der Verbrauch von Natur und Landschaft hat Ausmaße angenommen, wie sie früher nie für möglich gehalten wurden. Land- und Forstwirte – die berufenen Pfleger der Land-schaft – wurden durch die ständig steigenden Produktionskosten bei rück-läufigen oder jedenfalls kaum steigenden Erlösen für ihre Produkte gezwungen, ihre Daseinsgrundlage durch die Einführung industrieähnlicher Produktions-bedingungen und Ernteverfahren zu erhalten.

7

Da wagt man kaum zu fragen, was denn nun übrig geblieben ist von den Baum-originalen der Jahrhundertwende, von den »Typen nahezu unverwüstlicher Lebenskraft«, von den »Kabinettstücken in ihrer Art vom wissenschaftlichen wie vom künstlerischen Standpunkte«. Der Landesforstverwaltung Baden-Württemberg erschien nach siebzig Jahren die Zeit reif für eine neuerliche Bestandsaufnahme.

Wirksamer Baumschutz umfaßt, anders als der konservierende Denkmal-schutz, nicht nur die Pflege und das Bemühen um die Erhaltung vorhandener Baumdenkmäler. Noch bedeutsamer ist die rechtzeitige und langfristige Vor-sorge für nachrückende Baumgenerationen, aus denen einmal wieder Einzel-bäume, Baumgruppen und Wälder hervorgehen können, die eine Landschaft einst ebenso prägen werden, wie die Bäume dieses Bildbands das heutige Landschaftsbild. Baumschutz ist vielerorts ein Wettlauf mit der Zeit – oft aber auch eine Frage des rechten Verständnisses und der Wertschätzung.

Von dem Forstmann und Naturschützer Otto Feucht stammt das Wort: »Wie wir manchmal den Wald vor lauter Bäumen nicht sehen, so sehen wir nur allzu oft den Baum nicht mehr vor lauter Wald.« Die Landesforstverwaltung hat deshalb nicht eine für den Forstmann bestimmte Dokumentation anfertigen lassen. Sie ließ den Verfasser innerhalb und außerhalb des Waldes nach den »bemerkenswerten« Bäumen Ausschau halten und sie zu einem Bildband zusammentragen, der unter den Freunden des Waldes und der Natur sicher eine breite Leserschaft ansprechen wird.

Die Ausbeute ist besser, als zu erwarten war. Gewiß, die schleichenden Verluste, die spätestens seit Anfang des Jahrhunderts zu beklagen sind, waren nicht aufzuhalten oder gar wiedergutzumachen. Doch es gibt noch immer schöne, kraftvolle und markante Baumgestalten. Es gibt noch die halb-verborgenen und auch die erst halbverlorenen Baumparadiese. Noch sind wir nicht gezwungen, die Bäume nur als Bio-Indikatoren, als Fiebermesser für den angegriffenen Gesundheitszustand unserer natürlichen Umwelt zu betrachten. Daß es nie soweit kommen möge, dazu soll auch dieser Bildband beitragen!

Stuttgart, Ostern 1978

Gerhard Weiser,
Minister für Ernährung, Landwirtschaft und Umwelt
Baden-Württemberg

...Freude an Bäumen wecken

Dieser Bildband will einen Beitrag zum Schutz der Bäume leisten. Er klagt nicht an, obwohl es fast immer anzuklagen gibt, wo von Bäumen die Rede ist. In ihm werden auch keine Baumfrevler entlarvt. Dies Buch beschreitet vielmehr den umgekehrten Weg, den der Werbung für den Baum. Gedanken- und Lieblosigkeit sind noch immer die größten Gefahrenquellen für die Bäume in der Kulturlandschaft. Es soll deshalb für ein besseres Baumverständnis, für die Liebe zu Bäumen geworben werden. Die Werbung gilt also nicht einem baumreichen Bundesland. Auch in Baden-Württemberg wäre kein Fotograf damit in Verlegenheit zu bringen, wenn er anstelle eines Bildbandes über Baumschönheiten ein Weißbuch über die Sünden an Bäumen abzuliefern hätte. Sind damit aber dem Baum neue Freunde zu gewinnen, Freunde auch außerhalb der Kreise traditioneller und professioneller Naturliebhaber?

An der Aufgabenstellung hat sich wenig geändert, seit die Autoren des »Schwäbischen Baumbuchs« und von »Bemerkenswerte Bäume im Großherzogtum Baden« vor knapp 70 Jahren die schönsten Bäume des Landes »sammelten«, beschrieben und fotografierten.

Baden-Württemberg ist nicht Kalifornien; seine Bäume wachsen nun einmal nicht in den Himmel, und der von den Massenmedien verwöhnte Bürger bekommt allabendlich Sensationelleres frei Haus geliefert, als ihm an Wunderdingen im eigenen Ländle geboten werden könnte. Doch viele Zeitgenossen wissen schon wieder oder noch immer die »kleine Welt am Wegesrand« zu schätzen. Deshalb hat der Verlag die Idee zu diesem Buch mit Freude aufgegriffen und in die Tat umgesetzt.

Mit Rücksicht auf die Lesergeduld mußte freilich darauf verzichtet werden, den Bestand an Baumveteranen mit wissenschaftlicher Akribie zu dokumentieren — so wie dies der Großherzoglich badische Geheime Hofrat, der ordentliche Professor der Botanik Dr. Ludwig Klein noch tat. Die hier getroffene Auswahl kann denn auch nicht den Anspruch der Lückenlosigkeit erheben; weder die im Land vorkommenden Baumarten, noch alle Landesteile sind repräsentativ vertreten. Dem Baumfreund soll nicht verheimlicht werden, daß es neben reizvollen Baumlandschaften eben auch die Landstriche gibt, in denen die Verarmung an schönen Baumgestalten, Verödung und Zersiedelung erschreckend weit gediehen sind.

Sowohl die Bildauswahl wie auch die Textbearbeitung erfolgten also auf recht subjektive Art und Weise. Schönheit, auch und gerade Baumschönheit, ist nicht nach objektivem Maßstab meßbar: Kinder und Künstler, aber auch – beispielsweise – Forstwirte, Sägewerker oder Flurbereiniger haben jeweils ihre eigenen Schönheitsvorstellungen vom Baum.

Was wir als schön empfinden, oder doch als reizvoll und bemerkenswert, das läßt sich mit fotografischen Mitteln oft nur unbefriedigend wiedergeben. Eine systematischere Auswahl der Baumobjekte für dieses Buch wäre deshalb zwangsläufig auf Kosten der Bildqualität gegangen. Der Tücke des Foto-Objektivs fallen etwa Bäume im Bestandesinneren entschieden leichter zum Opfer als solche im Freistand, zumal wo sie als Originale in fotogener Umgebung stehen. Noch unzulänglicher sind Bewegungen und Laute zu erfassen, mit denen Bäume sich uns mitzuteilen vermögen, wenn wir ihnen bei Wind und Wetter begegnen.

Gute Dienste leisteten bei der Sichtung der Baumobjekte die Forstämter des Landes. Ihnen wurde zunächst ein Katalog von Prachtexemplaren vorgelegt, die im Schwäbischen und im Klein'schen Baumbuch abgebildet und beschrieben sind. Die Ämter berichteten nicht nur über deren Schicksal und Verbleib, sondern sie machten auch Vorschläge über neu aufzunehmende Bäume. Auch die unteren Naturschutzbehörden gewährten Unterstützung. Vieles wäre dennoch übersehen worden, hätten sich nicht immer wieder passionierte, ortskundige Baumfreunde und Berufskollegen gefunden, die durch ihr persönliches Engagement die Nachforschungen wesentlich erleichtert haben. Ihnen allen sei an dieser Stelle herzlich gedankt!

Das Buch möchte Freude an Bäumen wecken. Doch diesen wäre ein Bärendienst geleistet, wenn sich nun Heerscharen von Baumliebhabern in Gang setzten, um die hier gezeigten Exemplare draußen aufzusuchen. Es wurde deshalb mit Absicht da und dort auf eine detailliertere Standortsbeschreibung verzichtet. Wo Bäume zum sonntäglichen Massenausflugsziel werden, ist es mit dem Baumschutz meist nicht mehr weit her: Gewiß, der Bekanntheitsgrad mag schon manchen altehrwürdigen Baum davor bewahrt haben, allzu leichtfertig geopfert zu werden, doch Popularität kann auch das Gegenteil bewirken: Erst behängt man den Baum mit wohlgemeinten Hinweistafeln, dann folgen Sitzgruppe und Feuerstelle, und schon ist ein Verkehr eröffnet; Verkehr aber verlangt nach einem Verkehrssicherungspflichtigen und dieser hat haftungsrechtliche Folgen zu gewärtigen, wenn sich ein Ast zur Unzeit aus der Krone löst. Da wird nicht nur dem Haftpflichtigen, sondern auch meist dem Baum dann der Prozeß gemacht. Schützen wir die Bäume – vor Freund und Feind!

Unsere Welt wird in steigendem Maß beherrscht durch das von uns Erfundene, durch den Apparat. Der Rausch des Machens, des Apparateherstellens – auch der Zwang dazu wächst ständig.
So wird denn – aber zu wenig beachtet – immer bedeutungsvoller die Aufgabe der Kompensation: Es gilt, den Blick auf das nicht von uns Geschaffene zu richten, auf das Entstandene, auf das Geheimnis der Schöpfung, das mit der wirklichen wissenschaftlichen Einsicht nicht geringer, sondern größer wird.
Es ist von größter Bedeutung, daß die ursprünglichen Quellen reich fließen, daß das unmittelbare Leben mit Menschen und Naturgestalten, Natureindrücken nicht von einer Scheinwelt verdrängt werde. (Adolf Portmann, Entläßt die Natur den Menschen?, München 1970)

Die Eichbäume

Aus den Gärten komm ich zu euch, ihr Söhne des Berges!
Aus den Gärten, da lebt die Natur geduldig und häuslich,
Pflegend und wieder gepflegt mit dem fleißigen Menschen zusammen.
Aber ihr, ihr Herrlichen! steht, wie ein Volk von Titanen
In der zahmeren Welt und gehört nur euch und dem Himmel,
Der euch nährt' und erzog, und der Erde, die euch geboren.
Keiner von euch ist noch in die Schule der Menschen gegangen,
Und ihr drängt euch fröhlich und frei aus der kräftigen Wurzel,
Untereinander herauf und ergreift, wie der Adler die Beute,
Mit gewaltigem Arme den Raum, und gegen die Wolken
Ist euch heiter und groß die sonnige Krone gerichtet.
Eine Welt ist jeder von euch, wie die Sterne des Himmels
Lebt ihr, jeder ein Gott, in freiem Bunde zusammen.
Könnt' ich die Knechtschaft nur erdulden, ich neidete nimmer
Diesen Wald und schmiegte mich gern ans gesellige Leben.
Fesselte nur nicht mehr ans gesellige Leben das Herz mich,
Das von Liebe nicht läßt, wie gern würd' ich unter euch wohnen!

Friedrich Hölderlin

»Fürstin-Margarete-Eiche« im Fürstlich Hohenzollerischen Wild-park Josephslust bei Sigmaringen. Ca. 250-jährig, Stammumfang 6 Meter

Die Große Stieleiche

Ein Baumdenkmal von morbider Häßlichkeit, mit Schwielen und Geschwüren überdeckt, mit klaffenden schwarzen Hohlräumen, denen modriger Holzgeruch entströmt. Neorealistische Skulptur, Sinnbild zählebiger Widerstandskraft, verkörperte Mythologie, urtümlicher Koloß in einer uralten Kulturlandschaft, zwischen alemannischen Hügelgräbern der Merowingerzeit und Römerstraßen, inmitten ausgedehnter Laubwälder mit Waldortsnamen wie »Urmes«, »Mezelhöhe«, »7 Bannstein« und »Steinefurt«. Relikt am Rande eines grenzüberschreitenden Ballungsraumes, von der Trasse einer im Bau befindlichen Autobahn knapp verfehlt.

Die Große Stieleiche steht im Wald der Wiesental-Gemeinde Brombach, in der hügeligen Kehle des Rheinknies, auf dem Dinkelberg; sie hinterläßt beim staunenden Betrachter Eindrücke von seltsamer Zwiespältigkeit, weckt Wunschträume nach Heimat-Verwurzelung, nach Beständigkeit, indem sie uns Vergänglichkeit bewußt macht. Gegen fünfhundert Jahre alt ist sie, und mit ihrem Umfang von 6,30 Metern (gemessen in 1,50 Meter Höhe oberhalb der Geschwulst) gehört sie zu den stärksten Eichen des Landes. Auch Ludwig Klein hatte sie schon in seiner Sammlung. Damals – vor siebzig Jahren – war sie noch im Vollbesitz ihrer Krone und ragte weit über den sie umgebenden Jungbestand hinaus. Doch nun hat dieser sie eingeholt und überwachsen, und im jahrhundertelangen Konkurrenzkampf um Wärme, Licht und Wasser scheint sie endgültig unterlegen zu sein. Alle Kunst forstlicher Denkmalpflege ist da vergebens, die Hilfe kam zu spät für die vom wüchsigen Buchenbestand Bedrängte. Bast und Rinde sind überdies vom Blitz zerfetzt und vom Frost zernarbt; doch noch immer ist Leben im Baum.

16

Die Breit-Eich bei Gottwollshausen

Das Idealbild des Baumes, freistehend mit frei entfalteter Krone, »sturmfest und erdverbunden«, die Stieleiche schlechthin: Die Breit-Eich gehört unzweifelhaft zu den schönsten Baumgestalten des Landes. Beeindruckender noch als ihr Stammumfang (6,60 Meter) ist der Durchmesser der Krone,der in der breitesten Richtung über 35 Meter beträgt bei einer Baumhöhe von wenig mehr als zwanzig Metern.

Das Schwäbische Baumbuch schätzt das Alter der Eiche auf 300 bis 400 Jahre. Nach seiner Schilderung waren auf dem Platz um den Baum und im nahen Waldstück Tische und Bänke aufgeschlagen, denn hier feierten die Vereine der Umgebung ihre Feste, »nicht gerade zum Vorteil des Baumes, dessen Stamm mehrfach böse Spuren allzu wissensdurstiger Untersuchungen zeigt«. Zum Vorteil des Baumes scheint der schöne Brauch bald eingeschlafen zu sein; die Öffnungen zum hohlen Stammesinneren hat man inzwischen feinsäuberlich zugemauert, um den Baum vor Schabernack und Fäulnis zu schützen. Für Vereinsfestivitäten wird die nahe Stadt Hall, deren Hochhäuser soeben den Talrand zu überklettern beginnen, anderweitigen Ersatz geschaffen haben.

Derart proportionierte Bäume begeistern uns ob ihres ungehinderten Wuchses. Aber sie können auch Alpträume wecken: Bäume dieser Gestalt luden in üblen Zeiten dazu ein, Greuel und Gewalt, Lynchjustiz zu praktizieren. Im Dreißigjährigen Krieg pflegte man die Marodeure zuhauf an solchen Bäumen aufzuhängen. Leuten vom Schlage eines »Bauernjörg« standen derlei Galgen gerade recht; an ihnen wurden im Bauernkrieg die überlisteten und geschlagenen Gesellschaftsveränderer zu Dutzenden aufgeknüpft (bei Gottwollshausen schlugen die Haller unter ihrem Führer Michel Schletz fast kampflos ein Bauernheer!).

Auch das Schwäbische Baumbuch berichtet von solcher Praxis am Beispiel der Siechenlinde bei Wurzach, die inzwischen dem Straßenbau zum Opfer fiel. Es liefert zugleich ein beredtes Zeugnis wilhelminischen Geschichtsverständnisses: »Im Jahre 1525, als in Süddeutschland die Schrecken des Bauernkriegs tobten, war es Georg Truchseß von Waldburg, der als Feldherr des Schwäbischen Bundes sich den einzelnen Haufen der Bauern entgegenstellte und sie in blutigen Kämpfen aufrieb. Am 14. April war Wurzach der Schauplatz einer solchen Waffentat, eine starke Abteilung der Bauern wurde zersplittert, einer der Hauptanführer, der »Sattelbauer« von Rohrbach, geriet in die Hände der Truppen. Schnell erfüllte sich sein Schicksal: kurzerhand wurde der Aufrührer an der Linde erhängt, die wohl damals schon ein stattlicher Baum gewesen ist.«

Die Friedenseiche von Großeicholzheim

Zwischen Odenwald und Bauland, unweit des Dorfes mit dem beziehungsreichen Namen Großeicholzheim, findet sich in knorriger Eichenkrone, einigermaßen versteckt zwar, doch offenbar in jüngerer Zeit renoviert, die abgebildete Tafel mit der vaterländischen Inschrift:

»Zur Erinnerung an den deutschfranzö. Krieg 1870-1871 wurde bei der Friedensfeier am 6. März 1871 dieser Eiche der Name Friedenseiche gegeben und dabei bestimmt: Solange diese Eiche grünt darf keine Axt an ihre Wurzel gelegt werden. Wir empfehlen sie dem Schutze Gottes. Nachstehende junge Männer von hier waren auch Verteidiger des Vaterlandes und durften durch Gottes gnädige Bewahrung wieder gesund und unversehrt in die Heimat.

Gemeinderat	Der Ortsvorstand	Gemeinderat
(3 Namen)	(Name)	(3 Namen)
	Die Krieger	
	(14 Namen)	

In seinem letzten Gedichtszyklus »Waldeinsamkeit« verhilft uns der Dichter Jos. Viktor von Scheffel (1826-1886) zu tieferem Verständnis des patriotischen Brauchs:

Sind wir auch nicht mehr Waldmenschen von einst,
Die eurer Eicheln Nahrung gelabt
Mit den grunzenden Herden gemeinsam:
Noch entzückt uns alle die Schönheit des Blatts,
Sein gekerbter Rand, sein Gebuschtsein zum Strauß;
Noch schmückt dem Krieger zum Sturmlauf der Schlacht
Das Eichreis den Helm,
Und ein Eichlaubkranz ehret den Sieger.
Denn den Göttern war und den Manen geweiht
Die Eiche, der Deutschen urheiliger Baum,
An ihrem Stamm hing als Weihgeschenk
Des Besiegten Schild der Freisaß des Walds,
Und wenn ihm selber der Schwerttod genaht,
Hing des Ahnherrn Schlachtschild der Enkel dazu
Als Denkmal im Hain ohne Inschrift.

Die Kaisereiche an der Kaiserstraße

Dem Schwäbischen Baumbuch fehlte es nicht an Baumdenkmälern, die in der Bevölkerung die Erinnerung an die stolze Zeit der Staufer wachhielten, und sicher wären noch ein paar weitere hinzugekommen, hätte man das Stauferjahr nicht 1977, sondern 1907 begangen. Da waren die Kaiserlinde im Schurwald-dorf Schlichten, die Barbarossalinden bei Adelberg oder die ausgemauerten Reste der Hohenstaufenlinde am Klostereingang zu Lorch. Keine der genannten hat überlebt, einige wurden »aus Gründen der öffentlichen Sicherheit und Ordnung vor einigen Jahren entfernt« (Bürgermeisteramt Adelberg).

Kaiser Rotbart ist gewiß nicht mehr »lobesam« an ihr vorbeigeritten, obwohl die Kaisereiche unübersehbar hart am Rande der »Kaiserstraße« stockt (zwischen Schlichten und Oberberken), an jener uralten Ausfallstraße, die auf dem Rücken des Schurwaldes vom Staufen nach Beutelsbach führt; wollten die Staufer von ihrem Stammsitz hinaus ins Land und zur alten Königsstadt Waiblingen gelangen, so zogen sie über diese Straße. Staufische Zeitgenossin ist die Eiche so wenig wie die oben genannten Linden.

Ihr Alter dürfte wenig mehr als 300 Jahre betragen; ihren ansehnlichen Stamm-umfang (5,10 Meter) verdankt sie vorwiegend ihrem privilegierten Standort am Straßen- und Bestandesrand, wo Licht und Wärme nie Mangelware waren.

Die Kaisereiche ist – dem Kenner verrät sie dies durch ihre glattere Borke, ihren schlankeren Wuchs und in Mastjahren durch ihre traubig gehäuften Eicheln – eine Traubeneiche.

Traubeneichen, die Eichen der Mittelgebirge, stellen an ihren Standort bescheidenere Ansprüche und blühen später als die Stieleichen. Bei guter Pflege und Veranlagung reifen sie ihrem Besitzer zu kostbarsten Wertträgern heran. Ein gleichmäßiger, enger Jahrringaufbau, Beulen-, Riß- und Astfreiheit des Stammes, »Milde« und Fleischfarbe ihres Holzes lassen die Furnier-hersteller in Verzückung geraten und tief in die Tasche greifen : Für einen Fest-meter makellosen Eichenholzes sind sie bereit, bis zu 5000 DM auszugeben.

Eiche und Fürstengrab

Die Eiche vor Deutschlands größtem Grabhügel, dem Magdalenenberg bei Villingen, einem keltischen Fürstengrab aus der Hallstattzeit (6. Jahrhundert v. Chr.) weist auf eine bemerkenswerte wissenschaftliche Leistung hin: Im Jahr 1970 barg man aus dem Hügelinneren eine Grabkammer, die aus 20 bis 35 cm starken, exakt behauenen Eichenbalken gezimmert war; einer günstigen Grundwasserstauung war es zu verdanken, daß das Holz über fünfundzwanzig Jahrhunderte vorzüglich konserviert wurde. Mit Hilfe der hölzernen Funde aber gelang es den Archäologen, das Geschehen vor zweieinhalb Jahrtausenden präzise zu rekonstruieren und zu datieren.

Nach dem Tod ihres Fürsten hatten sich seine Gefolgsleute offenbar unverzüglich ans Werk gemacht: Im Herbst des Jahres 577 v. Chr. schlugen sie einige knapp zweihundertjährige Eichenstämme, beilten diese mit großem handwerklichen Geschick zu Balken zurecht, aus denen sie die Grabkammer zimmerten. Nach der Totenfeier schichteten sie einen Steinmantel um das Grab und begannen nun, in Tragkörben Erdreich aufzuschütten, 3000 bis 4000 Kubikmeter im Jahr, bis der Hügel schließlich 104 Meter Durchmesser und 45000 Kubikmeter Rauminhalt maß.

Rekonstruktion und Datierung gelangen mit Hilfe der Dendrochronologie; der Kalender, nach welchem man sich in die Frühzeit zurücktastete, enthielt keine Blätter, sondern 150000 Jahrringe.

Der junge Wissenschaftszweig der Dendrochronologie macht sich den Umstand zunutze, daß sich das jährliche Dickenwachstum der Bäume auf dem Stammquerschnitt an Wuchsringen ablesen läßt: Dem englumigen Spätholz, das der Baum gegen Ende der Vegetationszeit ansetzt, folgt im Frühjahr – deutlich abgesetzt – jeweils ein Ring großporigen Frühholzes. Die Aufeinanderfolge von wachstums-

günstigen und ungünstigen, von fetten und mageren Jahren, die sich in breiteren und engeren Jahrringen niederschlagen, zeigt einen durch die Jahrhunderte unverwechselbaren Verlauf.

Zur Altersbestimmung von Holzfunden werden nun aus den Ringbreiten Jahrringkurven gezeichnet und diese mit einer Standardkurve bekannten Alters verglichen; wo sich im Wuchsverlauf eine signifikante Ähnlichkeit zeigt, läßt sich der neue Fund dann unschwer zeitlich einordnen. Eine solche Standardkurve ist die »Westdeutsche Eichenchronologie«. Sie wurde aus sich zeitlich überlappenden Jahrringfolgen von 1700 Eichenholzfunden zusammengestellt und reicht mittlerweile lückenlos zurück bis in das Jahr 769 v.Chr.; bis hierhin lassen sich die Jahrringe der Eichen zurückverfolgen, die – knapp zweihundert Jahre später – beim Bau der Grabkammer auf dem Magdalenenberg Verwendung fanden.

Die dicken Balkenwände der Grabkammer, die gewaltige Stein- und Erdaufschüttung vermochten das Grab freilich nicht vor Räubern zu schützen. Mit Hilfe der Dendrochronologie und mit kriminalistischem Scharfsinn gelang es, den Zeitpunkt der Plünderung festzustellen: Die Grabräuber hatten in der Eile ihr Grabwerkzeug, Spaten aus Tannen- und Eichenholz, zurückgelassen; wie sich anhand dieser Holzproben ergab, wurde das Grab gleich zweimal heimgesucht – das erste Mal kaum 37 Jahre nach der Bestattung des Fürsten. Ein zweiter Beraubungsversuch, in dessen Verlauf ein Spaten aus Eichenholz im Raubschacht liegenblieb, war im Jahr 393 v.Chr. unternommen worden.

Centbäume

Die Szenerie ist voll spukhaft raunender Mystik: Überwachsene Hofstellen eines abgegangenen, »öden« Weilers, daneben die Alteiche. Es nahen drei Reiter: der Gerichtsdiener, Knecht des Centgerichts, in seiner Begleitung der Totengräber und der Flurer (Feldschütze). Der Centknecht steigt vom Pferd, tritt an den Stamm der Eiche heran und ruft mit weithallender Stimme: »Stehet auf, ihr Toten, und kommt zum Gerichte!« Noch während er ruft, nimmt er ein Beil zur Hand und haut einen Span aus dem zernarbten Stamm. Den Span versieht er mit einer Zahl und verwahrt ihn sodann sorgsam. Nun setzen die drei ihren Ritt fort. Ihr Weg ist seit unvordenklicher Zeit auf das genaueste vorgeschrieben.

Binnen vierundzwanzig Stunden muß der Gerichtssprengel, die Cent, umritten sein. Auf der Centgrenze stehen die Centbäume im Abstand von jeweils einer knappen Wegstunde; vor jedem wiederholt sich das seltsame Ritual – zusammen nicht weniger als hundertmal. Das Centgericht ist einzuberufen, und geladen sind nicht nur die Lebenden; beschrien werden auch die Toten. Am Gerichtsplatz eingetroffen, bilden die geladenen »Centverwandten« um die Schöffen und den Centgrafen einen Kreis. Die Anwesenheit wird durch Verlesen der Ortsnamen festgestellt; werden die »öden Weiler« aufgerufen und Orte, aus denen keiner erschienen ist, so wird stellvertretend der Span in den Kreis geworfen, den der Centknecht dem dortigen Centbaum entnommen hat. Tags darauf, wenn das Urteil gesprochen, der Delinquent seiner Strafe zugeführt ist, macht sich ein zweiter Bote auf den Weg, um die Späne dort, wo sie herausgebeilt wurden, wieder einzupassen. Paßt der Span, so ist der Aufruf nachweislich ordnungsgemäß erfolgt, so war das Beschreien der Cent auch in ihren entlegenen Ecken zu hören gewesen. Der Span als Kontrollinstrument für die Verläßlichkeit der Knechte, Bäume als Stützen altfränkischer Rechtspflege, als Säulen amtlicher Bekanntmachungen, als weithin sichtbare Grenzmarken der Verwaltungseinheiten.

Im Hohenlohischen und im Taubergrund hatte die Einteilung der Grafschaften in Cent- (oder Zent-)gaue bis in das neunzehnte Jahrhundert hinein Bestand; so überrascht es, daß die alten Centbäume allesamt verschwunden zu sein scheinen. Nur Flur- und Waldortsnamen erinnern gelegentlich noch an die einst das Landschaftsbild beherrschenden Baumgestalten. Anders als die Gerichtslinde im schützenden Ortsetter wurden die Centbäume in freier Feldflur leichter zu Opfern gedankenloser oder auch planmäßiger Entrümpelung. Manch einem mag auch die jahrhundertelang geübte Spanentnahme nicht bekommen sein: Das Beil der Centknechte schuf Eintrittsstellen für holzzerstörende Pilze und Insekten.

»Lenz-Eiche« bei Sichertshausen nahe Bartenstein
auf der Hohenloher Ebene

Die Stiereiche von Fronhofen

Im Schwäbischen Baumbuch steht sie mit einem Umfang von 5,40 Metern zu Buche; heute mißt sie stramme 6,70 Meter und zählt damit zu den mächtigsten Eichen im Lande (bei 43 Festmetern). Die gewaltigen Dimensionen könnten leicht dazu verleiten, ihr ein ehrwürdiges Alter anzudichten, doch wie der Zuwachs der vergangenen 70 Jahre lehrt, verdankt sie diese Maße vor allem der Gunst ihres Standorts: Sie stockt auf dem an Nährstoffen reichen Endmoränenwall, den der Rheingletscher bei seinem letzten würmeiszeitlichen Vorstoß weit über den Bodensee hinaus in das oberschwäbische Alpenvorland geschoben hat. Gegen 400 Jahre dürfte sie immerhin alt sein; ihr Name führt in die Zeiten der Waldweide zurück. Hier, im Wald um die Stiereiche, lag einst die Fronhofener Stierweide. Weidewald, Schauplatz des sich über Jahrtausende hinziehenden Kampfes der Hirten wider die Wildnis und meist auch wider die Obrigkeit, wo man sich offen und heimlich, mit erlaubten und mit unerlaubten Mitteln (durch Ringelung der Stämme, durch »Branden« des natürlichen Aufwuchses usf.) gegen das Verwachsen zur Wehr zu setzen hatte: Im Alpenvorland nutzte man den Wald auf diese Weise schon lange vor der alemannischen Besiedelung; die Beweidung des Waldes war zugleich die früheste und vielerorts auch folgenschwerste Nutzungsart.

Im Mittelalter wurde »der Hart«, wie man den Weidewald nannte, meist genossenschaftlich genutzt; er stand unter der Oberherrschaft des Inhabers des Forstbannes oder unter Zwing und Bann des Grundherrn. Deren Oberaufsicht konnte freilich kaum einmal verhindern, daß die Weidewälder immer mehr verlichteten. Vollends herabgewirtschaftet hießen sie nun »Triebhölzer«, Öde oder Heide, Wälder, in denen meist nur noch wenige Alteichen aus dem vom Vieh verschmähten Dorngestrüpp herausragten und deren Fläche im 16. Jahrhundert ungeheure Ausmaße angenommen hatte. Caspar David Friedrich hätte an ihnen seine helle Freude gehabt, für die Menschen jener Zeit jedoch schien sich eine Versorgungskatastrophe anzubahnen!

Noch einer anderen Waldform begegnen wir in den Urkunden seit dem 14. Jahrhundert, dem »Eichwald«, in dem die Eiche als Mastbaum für die Schweine und als Bauholz unter strengstem Bann stand; unter dem lichten Oberholz breitete sich Buschwald aus, Ausschlagwald, der zur Brennholzgewinnung in kurzen Zeitabständen auf den Stock gesetzt und solange vor dem Vieheintrieb geschont wurde, »bis der Ausschlag dem Maule des Viehes erwachsen wäre«.

Von solcherlei mittelalterlichen Nutzungsformen ist in Oberschwaben nicht viel mehr übriggeblieben als ein paar Flur- und Siedlungsnamen; der Charakter von Wald und Landschaft hat sich hier seitdem grundlegend gewandelt: In den herabgewirtschafteten Weidewäldern begannen erstmals im 16. Jahrhundert Forstleute damit, Fichten- zusammen mit Birken- und Kiefernsamen auszusäen. Nachdem die Eichelmast durch die verbesserte Dreifelderwirtschaft und den verstärkten Anbau der Kartoffel ihre Bedeutung für die Landwirtschaft verloren hatte, die Fichte aber als Bauholz immer

geschätzter wurde, verschwanden auch die Eich-
wälder. Der von den Waldbesitzern mit immer
größerem Nachdruck betriebenen Umwandlung der
verbliebenen Mischwälder in Nadelwälder kam freilich auch noch ein anderer Umstand sehr zustatten:
der natürliche Vorstoß der Fichte. Die Grenzen ihres
natürlichen Verbreitungsgebiets, in welches sie
aus den Moorwäldern eingewandert war, hatten
mindestens ein und ein halbes Jahrtausend lang
Bestand gehabt; nun begann sie um das 16. Jahrhundert auf einmal, sich nochmals gegen Norden
und Westen auszudehnen. Als Ursache dieser
Wanderung werden heute anhaltende Klimaver-
änderungen angenommen, die die Fichte gegen-
über den alteingesessenen Baumarten begünstigt
haben. Nie zuvor in geschichtlicher Zeit hatte diese
Baumart aber auch so günstige Wuchs- und Kon-
kurrenzbedingungen vorgefunden wie in den
»Triebhölzern« Oberschwabens.

Gerichtseichen im Gottswald bei Offenburg

Unter ihnen tagte schon im ausgehenden Mittelalter das Waldgericht der »Gotteshauswaldgenossenschaft«, einer jener Zusammenschlüsse benachbarter Gemeinden und Klöster zum Zwecke gemeinsamer Waldnutzung. Das Gericht hatte nicht nur Zwistigkeiten zwischen den Genossen zu schlichten, sondern auch die Einhaltung der Waldordnung zu überwachen und Frevel zu ahnden. So wurde im Jahr 1575 einigen Frauen aus dem angrenzenden Griesheim eine Eichenwicklerplage zum Verhängnis, in deren Verlauf der Wald kahl gefressen und der Eckerich, der Eichelertrag, verdorben worden war: Nach peinlichem Verhör gestanden sie, »dem kleinen Teufel Aichlaub« gebracht zu haben, mit dem der »Eckher« vernichtet wurde. Um Offenburg begannen die Scheiterhaufen zu brennen.

Die Gerichtseichen halten Erinnerungen wach an frühe Formen genossenschaftlicher Waldnutzung. Doch sie lassen uns auch erschauern beim Gedanken an eine der unseligsten Epochen abendländischer Geschichte.

Freistehende Eiche auf einem Weidberg bei St. Ulrich im Südschwarzwald

Der Eichhornwald bei Konstanz

Neben der Hauptbaumart Buche war die Eiche wichtigstes Glied der natürlichen Waldgesellschaft um den See; heute ist sie hier gerade noch mit zwei Prozent beteiligt. Würde nicht neuerdings das gestiegene Erholungsbedürfnis der Menschheit von der Forstwirtschaft besondere Rücksichtnahme bei der Baumartenwahl verlangen – wer weiß, ob ihr überhaupt eine Überlebenschance geblieben wäre!

Das Verschwinden der Eiche vor allem aus den transportgünstigen, seenahen Wäldern hat triftige Gründe; sie sind so alt wie die Kulturgeschichte dieser Landschaft. Hier war Eichenholz für Hoch-, Wasser-, Schiffs- und Weinbau fortwährend Mangelware.

Die Beispiele: Über tausendjähriges, mächtiges Eichengebälk wurde jüngst bei der Restaurierung des Reichenauer Münsters freigelegt. Schon in der Klosterzeit bestanden die Uferbefestigungen auf der Insel ausschließlich aus massiven Eichenrundhölzern.

Die von den Schiffszimmerleuten am See hergestellten Lastschiffe, »Lädinen« (110 Fuß lang), »Halblädinen« und »Segner« (68 Fuß) waren »durchaus aus Eichenholz und hatten besonders starke Böden und Wände«. Wann immer Kampfschiffe den See befuhren – zum Schlachtfeld wurde er erstmals um Christi Geburt (beim Kampf der Brigantiner gegen die Römer), letztmals im Dreißigjährigen Krieg – , stets bluteten die Wälder.

Es war eine besonders noble Geste der Herrschaft von Bodman, als sie der Stadt Konstanz zum Neubau der 1675 abgebrannten Rheinbrücke Eichenbauholz kostenlos zur Verfügung stellte; sie wurde dafür freilich für alle fernen Zeiten vom Brückengeld befreit.

In den »Torkelhäusern« der Weinbaugemeinden am See, die heute manchenorts zu touristischen Anziehungspunkten umgestaltet sind, können die mächtigen Eichenhölzer noch bestaunt werden, aus denen die Torkeln (Trotten) einst gebaut wurden. 28 eichene Torkeln standen allein im ehemaligen Dorf Hinterhausen bei Konstanz.

Die Wertschätzung der Eiche beschränkte sich jedoch auch am See nicht allein auf materielle Bedürfnisse: So war der eichenreiche, im Jahre 1230 erstmals erwähnte »Eichhornwald« (später auch Loretto- und Jakobswald) wohl zu allen Zeiten ein außerordentlich beliebtes Ausflugs- und Naherholungsziel der Konstanzer Bürger. Hier spazierten auch die Teilnehmer am Konstanzer Konzil (1414-1418), wie uns der Geschichtsschreiber Richental in seiner Chronik anschaulichst überliefert hat: »Also bestünd das concilium in guttem frid und ward och dazwischen kein unfried. Und hatten die frömden so vil schierms und frides, das sy umb Costentz wandeln mochten, durch kurtzwil und spatzierends willen by zwain mie wegs ver (bei zwei Meilen wegs fern) von Costentz, in welchi stat, dorff, markt oder in welchen wald sy wollten, und taglichts in giengen spatzieren und in demselbem Holz warend wiert (Wirte), die in dem Holtz schanckten allerlay win, wie man den haben wolt, und fand man darinn gebratene Hüner, flaisch, wurst, bratten, visch und was einer begert, auch hipsch frowen«.

Die Eiche vom Emmertshof

Im deutschen Süden pflegen die Bauern seit alters wenn nicht Obstbäume, so doch Linden, im Gebirge auch Esche und Bergahorn um den Hof zu pflanzen. Die Eiche hingegen hat — anders als in der Norddeutschen Tiefebene — als Hofbaum nie eine Rolle gespielt. Fürchtete man vielleicht den Blitz, der nach landläufiger Auffassung in Eichen lieber schlägt als in andere Bäume?

Mit Nützlichkeitsüberlegungen läßt sich die Abneigung der Bauern gegen die Eiche wohl nicht erklären: Zwar läßt sich das derbere Eichenlaub auch im Notfall kaum dem Vieh verfüttern (wie bei Esche und Linde), desto mehr bevorzugen die Schweine die Eicheln. An Schutzwirkung traute man den anderen Baumarten jedenfalls mehr zu als der Eiche.

Um so größer ist die Überraschung, die uns am Emmertshof, nördlich des Städtchens Neuenstein, zwischen den Waldenburger Bergen und dem Kochertal erwartet: Keine Autominute von der Ausfahrt der Autobahn entfernt geraten Baumfreunde am Steuer in akute Lebensgefahr, denn ihre Aufmerksamkeit könnte allzu leicht von der Fahrbahn abgelenkt werden. Am Rande der ververkehrsreichen Straße stockt die wohl mächtigste Eiche des Landes.

Die Wurzelanläufe des kapitalen Baumes sind so gewaltig, sein gedrungener Stamm ist so stark, daß der Ackerschlepper des Emmertshofbauern schier verschwindet, wenn er den Kunstdünger aus dem dahinter liegenden Schuppen holt. Eine reguläre Messung des Stammumfangs in Brusthöhe ergäbe bei der stark abholzigen (sich verjüngenden) Form des Stammes über achteinhalb Meter; gemessen in 1,50 Meter Höhe an der höheren, der Straße abgewandten Seite beträgt der Umfang immer noch sieben Meter! Die weitausladende Krone hat einen Durchmesser von gut 35 Metern, dies bei einer Baumhöhe von wenig mehr als 20 Metern.

Das Alter des Baumes wird auf 700 Jahre geschätzt. Sein Gesundheitszustand ist zufriedenstellend. Vor etlichen Jahrzehnten streifte ihn der Blitz einmal, doch hinterließ er nur eine breite Narbenspur in der Rinde. Bleibt zu hoffen, daß die alte Eiche auch den Auswirkungen des Kraftfahrzeugverkehrs noch eine Weile gewachsen sein wird, der seit der Fertigstellung der Autobahnausfahrt stark angeschwollen ist. Wodan, der Gott des Windes und des Krieges, der Führer der Wilden Jagd, möge den Baum vor allfälligen Straßenverbreiterungen, die Verkehrsteilnehmer vor Kollisionen bewahren!

Ludwigsruhe

Die Fürsten von Hohenlohe-Langenburg wollten sich einst – ganz Kinder ihrer Zeit – nicht allein mit ihrem Renaissanceschloß begnügen, das sie an Stelle einer alten Vorburg auf schmalem Bergsporn hoch über dem Jagsttal erbauen ließen. Im Jahr 1742 beauftragten sie den Schöpfer des neuen Stuttgarter Schlosses, Leopold Retti, auf der waldarmen Hohenloher Ebene im Osten der Stadt Langenburg ein Lustschloß samt Forsthaus und Schweizerei zu erstellen. Hier in Ludwigsruhe, wo im 14. Jahrhundert der Weiler Linderbronn abgegangen war und wo schon 1588 ein Wildpark angelegt worden war, wollte auch Fürst Ludwig – in Ruhe – seiner Jagdpassion frönen.

Das Waldstück, das eine Quelle umschließt, eignet sich nicht nur durch seine isolierte, leicht überschaubare Lage als Wildgehege. Als würdiger Rahmen taugte auch der Baumbestand, bestehend aus mächtigen alten Eichen, Ulmen und Linden. Dem Damwild zuliebe, das noch bis nach dem Zweiten Weltkrieg den Park belebte, hatte man zusätzlich noch die als Äsung hochgeschätzte Roßkastanie eingebracht.

Die alte Pracht ist mittlerweile ziemlich dahin, Schloß, Landwirtschaft und Fischwasser sind verpachtet, die Parkmauer am Zerfallen, das Damwild entlaufen, der Parkwald großteils ersetzt durch eine Pappelpflanzung. Ludwigsruhe wäre mit den wenigen Zeilen in den kunsthistorischen Handbüchern abgetan, gäbe es da nicht noch die Relikte des alten Parkwaldes, die den Baumfreund in Entzücken zu versetzen vermögen: die Reste einer Lindenallee, einige prachtvolle Ulmen (deren

Und den Eichbaum, den vielhundertjährigen, der seine vom Blitz in wilden Sturmesnächten gestreiften Arme wie Riesenschlangen windet, den liebst du! Wie ein Freund ist er dir, den du von Kindheit gekannt und mit scheuer Verwunderung an dunklen Herbstabenden betrachtet hast, wenn du hinter dem Vater dreingingst. Wenn er eines Morgens geborsten am Boden läge, würdest du um ihn trauern wie um einen guten alten Freund. (Agnes Günther, Die Heilige und ihr Narr, Stuttgart 1913)

stärkste einen Umfang von fast fünf Metern aufweist) und eine kleine Gesellschaft von gewaltigen, wohl gegen 400jährigen Eichen; unter ihnen eine der
allerstärksten des Landes, ein urtümlicher Riese, kapitale Säule in einer in schier
endloses, ödestes Ackerland vorspringenden Parkecke, ein Ungetüm mit
einem Umfang von 6,80 Metern!

Eichen – meist Traubeneichen – waren auf der Hochebene zwischen Jagst- und
Taubertal im Naturwald stets reichlich vertreten, und eigentlich erwarten wir
sie nicht minder verbreitet im Wirtschaftswald. Denn mit den Tücken der hier
vorherrschenden Standorte kommt die Eiche von allen denkbaren Wirtschaftsbaumarten bei weitem am besten zurecht; mit ihrem Wurzelwerk durchdringt
sie auch die strengsten Tone des Lettenkeupers, vermindert die Sturm-
gefahr auf vernäßtem Boden, liebt Lehme und Sande und meidet weder Kalk-
reichtum noch Versauerung. Doch ihr langsames Wachstum zerrt an den
Nerven der Waldwirte, strapaziert Geldbeutel und Geduld gleichermaßen, wo
sie einmal erntereif nicht mehr vorrätig ist. Wer disponiert, wer investiert
schon noch auf zweihundert und mehr Jahre!

Wirtschaftliche Alternativen bieten auch hier die Nadelhölzer, deren rascherer
Wuchs und bessere Verzinsung freilich mit Rotfäulebefall und Sturmholzanfall
oft teuer erkauft werden muß. Mehr Rentabilität versprach man sich unlängst
in Ludwigsruhe durch eine andere, zeitgemäße Nutzungsart: Zur Diskussion
standen – modische Variante des ursprünglichen Verwendungszwecks – die
Giraffen eines Safariparks!

Abgedankte Monarchen – die Eichen von Hohengehren

Dem Könige des Waldes gilt wieder unser Besuch, und etwas ganz Besonderes ist diesmal dabei. Gilt's doch, gefallene Größe zu bestaunen. *(Schwäbisches Baumbuch 1911)*

»Der König« ist tot. Eine Abbildung im Schwäbischen Baumbuch zeigt seine gewaltigen sterblichen Überreste. Sein Stammumfang maß in Brusthöhe 7,40 Meter, eine Stärke, wie sie heute im Wald von keiner Eiche des Landes mehr erreicht wird. Sein wahrhaft königlicher Abgang wird uns wie folgt geschildert: »Im Sommer 1905 nahte der Eiche das Verhängnis. Schon die zahlreichen Gewitterstürme des Frühjahrs hatten ihr stark zugesetzt, auf der Südseite des Stammes bildete sich ein Riß, der sich täglich vergrößerte, und in der Frühe des 5. August stürzte endlich der mächtige Baum mit donnerähnlichem Krachen zu Boden. Unberührt bleibt er nach Beschluß der Staatsforstverwaltung liegen, als Ruine inmitten der lebenskräftigen Umgebung, ein eindringliches Bild gewesener Macht« (Forstamtmann Dr. Wörnle in »Blätter des Schwäbischen Albvereins«, 1906).

»Die Königin« an der Seite des Monarchen ragte seinerzeit »aufrecht und anscheinend noch in der Vollkraft des Lebens«. Das Schwäbische Baumbuch zeigt sie im vollen Besitz ihrer Krone, die ihr eine Baumhöhe von 35 Metern verlieh. Heute scheint auch der »Königin« das letzte Stündlein nicht mehr fern zu sein. Blitz und Sturm haben auch an ihr gezerrt und mächtige Äste aus der Krone gebrochen. Durch ihren hohlen Leib fuhr in einem der letzten Sommer fauchend ein Feuer, das respektlose Frevler an ihren Wurzelanläufen gelegt hatten. Nur eben 35 Zentimeter hat ihr Stammumfang noch zugenommen seit der Jahrhundertwende; er beträgt nun 6,55 Meter.

Bis zum Jahr 1839 hatten König und Königin in durchaus standesgemäßer Umgebung gelebt. Hier im Schurwald, auf der Höhe zwischen Rems- und Neckartal, hatte König Friedrich einen seiner Wildgärten anlegen lassen, an den heute noch der »Schlößlesplatz«, das ehemalige Parkwächterhaus, ein Teich und allerlei Mauerreste erinnern. Das Königspaar in des Königs Wildpark lieferte das (Wild-)Schweinefutter.

Der Eichenkönig im Korker Wald

Der »Eichenkönig« im heutigen Stadtwald Kehl. Stammumfang 5,20 Meter, Höhe 32 Meter

Mord und Totschlag in mittelalterlichen Genossenschaftswäldern hat es anscheinend nicht nur an den bestellten Waldförstern gegeben, sondern bei anhaltendem Zank auch unter den Waldgenossen selbst. »Zu einer rechten gotzgaben, wittwen und weisen, arm und rich zu gebruchen« hatte einst Herr Eppo von Fürsteneck seinen Wald den Dörfern der Rheinebene gestiftet, denn er wollte etwas Gutes tun für das Seelenheil seiner einzigen, jählings verstorbenen Tochter. Doch sein Vermächtnis hatte er offenbar allzu unklar abgefaßt, der Streit um die Grenzziehung wollte kein Ende nehmen. Schließlich erinnerte man sich einer Methode, die noch altgermanischen Bräuchen entstammte: Eine fünfjähriges Rind, das man zuvor eingekerkert hatte, daß es »ein Jahr und Tag weder Sonne noch Mond sähe«, wurde »auf den Hof zu Kork unter die Eiche« geführt; von hier aus sollte es — nachdem man es gesegnet und mit einem Heiligenbild versehen hatte — nach eigenem Gutdünken die Waldmark umlaufen und somit Recht setzen. Als das Tier erschöpft von der ungewohnten Wanderung zur Korker Eiche zurückgekehrt war, brach es daselbst zusammen und verschied. Die Bewohner der Dörfer freilich waren mit dem Grenzverlauf zufrieden, und so wurde das Rind auf dem Friedhof begraben »als obe es ein Christenmensch wäre gewesen«.

Die fünf »Heimburger« und die sechsunddreißig gewählten Bürger, die für Verwaltung und Rechtsprechung in dem gemeinsamen Wald verantwortlich waren, widmen dieser Begebenheit in dem 1476 von ihnen verfaßten Korker Waldbrief breiten Raum, ehe sie die Rechte und Pflichten der Genossen niederschrieben. Doch die Bestimmung über die Waldnutzung konnten noch so ausführlich festgehalten sein, der Streit war unausrottbar unter den Dörfern. Zwar tagte das Frevelgericht unter der Eiche zu Kork alle Jahre (bis 1796), doch scheinen die Waldgerichtstage allmählich zweckentfremdet worden zu sein, denn nach der Waldrechnung pflegten die Sechsunddreißig bei solchem Anlaß meist nicht weniger als zwei Schweine zu verzehren. Zwar erschlug man keinen Förster mehr, doch der Zank nahm schließlich so heftige Formen an, daß im Jahr 1811 das Reichskammergericht von Wetzlar die Teilung des 8742 Morgen großen Waldes vollzog.

Die Erinnerung an die — so wenig rühmliche — Geschichte der Korker Waldgenossenschaft soll der »Eichenkönig« wachhalten.

Rotwildpark

Zugleich ist es auch eine gute
Leibes-Bewegung, da sich sowol
nach gethaner Jagd ein guter Appetit
zum Essen findet, als auch das
Geblüt in flüchtigere Circulation
kommt. Außerdem ist es auch ein
Staat vor einen Fürsten und großen
Herrn, dieweil es ihm der Edelmann
nicht nachahmen kann, indem die
Jagd nicht nur kostbar zu erhalten
sondern hierzu auch ein ziemlicher
Distrikt Landes oder Waldungen
gehöret. (Döbel, Jägerpraktika,
1748)

Die urwüchsigsten Waldbilder des Landes, eine Sammlung prachtvollster Eichen- und Hainbuchengestalten, finden sich dort, wo wir sie am wenigsten suchen würden: Im Herzen von Deutschlands zweitgrößtem industriellem Ballungsraum, im ehemaligen Königlichen Rotwildpark der Großstadt Stuttgart. Was uns wie Urwald anmutet, ist in Wahrheit das Ergebnis einseitigster Nutzung, Wald, der ausschließlich den Zwecken höfischer Jagd zu dienen hatte. Wir haben es mit einem lebendigen Zeugnis deutscher Jagd- und Forstgeschichte zu tun.

Wunsch und Vorsatz, das noch immer strapazenreiche edle Waidwerk, die Hohe Jagd, annehmlicher zu gestalten, müssen zu Beginn des absolutistischen Zeitalters übermächtig geworden sein. Den Platzhirsch erlegte der Jagdherr noch immer erst nach mühsamer Pürsch; da hatte im Jahr 1724 – inspiriert von den großen französischen Vorbildern – Herzog Eberhard Ludwig eine Idee: Nicht wo das Wild, sondern wo er sie haben wollte, ließ er die Brunftplätze für das Rotwild anlegen und zur Verbesserung seiner jagdlichen Erfolgschancen mit allerlei Vorrichtungen ausstatten, mit Schirmen, Schleichwänden, unterirdischen Gängen, mit Dämmen und mit »Pürschhäußlen von Holz, grün gestrichen und mit grünen Ziegeln gedeckt«. Sternförmig angelegte, schnurgerade und kilometerlange Schneisen, sogenannte »Alleen«, dienten der Überwachung von Wild und Jägern, sie ermöglichten die Jagd vom Pferdewagen aus, erleichterten die Beifuhr der immer üppigeren Jagdausrüstung, den Abtransport des Wildprets und

auch die Ausübung der gerade in Mode gekommenen »Parforcejagd«, der Hetzjagd zu Pferde mit der Hundemeute. Aus den »Pürschhäußlen« wurden alsbald Pavillons, aus diesen Schlößchen (1767 Bärenschlößchen) oder gar Schlösser (1768 Solitude). Um sie herum entstanden Tiergärten, in welchen das Wild aus der weiten Umgebung zusammengetrieben wurde. Im Jahr 1772 ließ der Herzog in seinen »Roten Tiergarten« vierhundert Hirsche, in seinen »Schwarzen Tiergarten« sechshundert Sauen treiben; die letzteren hielten 600 Bauern und 60 Berittene 19 Tage und Nächte lang in Trab, da sie aus dem Heidenheimer Forst herbeigetrieben werden mußten.

Die Jagd als höfisches Spektakel, als repräsentatives Hof- und Schlachtfest, nannte man »Festinjagen«. Zum gesellschaftlichen Höhepunkt jener Zeit, aber auch zum Tiefpunkt deutscher Waidgerechtigkeit, geriet das Festinjagen im Bärensee vom 24. September 1782, das zu Ehren des Großfürsten von Rußland veranstaltet wurde. In »Kammern« hinter dem Lusthaus wurde das von Nagold herbeigetriebene Wild bereitgehalten und, nachdem der Herzog, mit seinen Gästen von der Hoftafel kommend, in venetianischen Gondeln den Bärensee überquert und im jenseitigen Pavillon Stellung bezogen hatte, öffnete man die Gatter. Die von panischer Angst gehetzten Tiere trieb man über die Terrassen abwärts durch den See und hinauf vor die Büchsen der hochherrschaftlichen Schützen. Eine Augenzeugin, Franziska von Hohenheim, Geliebte und spätere Gattin des Herzogs, notierte sich in ihr Tagebuch: »...nur eins war schade, daß man ein wenig lang warden mußte, bis das Wilt heraus Kam, wie es aber Kam, war es manifig anzusehen und es wahren sicher 5000 Stuck, die sich zumahl presendirden.«

Die allgemeine Aufregung um diese Jagd und den hohen Besuch nutzte derweil der junge Friedrich Schiller, um sich nach Mannheim abzusetzen; dessen Vater hatte die Anlagen später teilweise in Obstland umzugestalten, nachdem es den Herzog plötzlich von Solitude zu seiner neuen Schöpfung nach Hohenheim gezogen hatte. Doch sein jagd-besessener Nachfolger, König Friedrich, richtete im Jahr 1815 erneut zwei Tiergärten ein, nachdem die Klagen der Bauern über die hohen Wildschäden überhandgenommen hatten. Im Jahr 1919 schließ-lich, nach dem ruhmlosen Ende der Monarchie, sah sich die Stadt Stuttgart außerstande, den hohen Unterhaltungsaufwand weiter zu betreiben.

Sie löste den Tierpark auf, und nun erst hatte die städtische Bevölkerung freien Zutritt.

Wie aber hat der Wald die maßlos überhöhten Wild-bestände zweier Jahrhunderte überstanden? »Große, beinahe unübersehbare Flächen liegen öde, nur hin und wieder steht darauf eine alte Eiche, und sie verdienen kaum noch den Namen eines Waldbestandes«, entnehmen wir einer Beschrei-bung des benachbarten Gerlinger Waldes von 1832. An eine natürliche Verjüngung war nicht mehr zu denken gewesen, Blätter und Zweige der Bäume waren bis in Äserhöhe sauber abgeschert, und nur vereinzelt hatte man, um dem Wild Einstände zu schaffen, Nadelhölzer gepflanzt.

Doch der lichte, parkartige Wald mit seinen bizarren Baumgestalten gefiel den hier promenierenden Stuttgarter Bürgern; immer lautstärker setzten sie sich für seine Erhaltung und gegen die drohende Umwandlung in nadelholzreichen Wirtschaftswald ein. 1938 wurde der Wildpark zum Naturschutz-gebiet erklärt. Aus dem Königlichen Gehege ist ein Volkspark geworden, in dem sich allsonntäglich gegen zwanzigtausend Besucher einfinden – und aus dem die Waldarbeiter allwöchentlich gegen sechs Kubikmeter Unrat entfernen.

Waldeinsamkeit, Waldeinsamkeit!
Hier winkt ein Plätzchen, dir geweiht.
Verschwunden die Fernsicht auf Täler und Au,
Verschwunden des Himmels reinstrahlendes Blau,
Nur lichtgrün verschwiegene Wildnis allum
Und der Hainbuchen Scharen verträumt und stumm.
Man meint zu vernehmen im lauschenden Geist,
Wie schwellend ihr Saft durch die Stammfasern kreist

Jos. Viktor von Scheffel (1826-1886) »Morgengesang«

Hagebüchenes
auf einem aufgelassenen Weidberg

Hainbuchen — vor Zeiten müssen die spannrückigen, verkrüppelten und ungebärdigen Gewächse einmal volkstümlich gewesen sein; wie sonst hätten sie Eingang in die Umgangssprache gefunden: Hane- oder hagebüchen — so steht im Duden — ist derb, grob, unerhört, und einen hagebüchenen Mitmenschen, so nennen wir ein von des Lebens Stürmen gezaustes, verwittertes, doch ungebrochenes Original. Ein bildhaftes, ein kräftiges Adjektiv fürwahr, dessen Gleichnis-Charakter freilich den meisten, die es gebrauchen, nicht mehr gegenwärtig ist. Die Bilder, deren sich unsere Sprache bedient, sind oft erstaunlich zählebig, und manchmal überleben sie sich selbst als Relikte aus längst verblaßten Begriffswelten.

Den Menschen des hölzernen, des vorindustriellen Zeitalters war die Hain-, Hag- oder Weißbuche natürlich ein Begriff: Hinter ihr verschanzte man sich in Verhauen, Fliehburgen und Landwehren; da das harte und kaum spaltbare Holz Druck und Schlag standhält, war es aber auch bei Tischlern, Wagnern, Sattlern und Werkzeugmachern gleichermaßen gesucht. Hagebuchen war der Hackklotz der Fleischer und auch der Block des Scharfrichters. Noch in den mittelalterlichen Bergbaubetrieben bestanden in den Hammerwerken Radzähne, Treibhämmer, Spulen und Naben aus diesem Holz. In Gesellschaft mit der Eiche hat die Hainbuche in den Vorbergen, im Hügelland und in der Ebene ein weites natürliches Verbreitungsgebiet. Ihr Ausschlagvermögen und ihren hohen Brennwert machte man sich schon zur Römerzeit zunutze, indem man sie als Niederwald bewirtschaftete, d.h. sie in kurzen Intervallen (alle 5 bis 10 Jahre) immer wieder bis auf den Stock abschlug. Etwa seit dem Mittelalter bis in die Neuzeit hinein, in Lothringen noch heute auf großer Fläche, nutzte man sie im sogenannten Mittelwaldbetrieb: Einige gutgewachsene Stämme, die »Laßreitel«, wurden belassen, der Rest wurde weiterhin zur Brennholzgewinnung in kurzen Abständen auf den Stock gesetzt.

Da die Hainbuche keine nutzbaren Früchte lieferte, ihr Holz aber zunehmend knapper wurde, bot sich noch eine andere Form der Nutzung an: das Schneiteln oder Stümmeln der Äste am stehenden Stamm. So erfahren wir etwa aus der Ordnung der Murgtäler Waldförster aus dem Jahre 1533: »Auch dem stenden unholtz, alss Hagenbuchin, Erlin, Aspin… doch anders nit dan Im Aprillen und sollent die sterks über gestymlet werden, damit sie widder wachssbar werden…« Durch die Bestimmung, daß nur im April gestümmelt werden durfte, sollte eine Schädigung des Stammes vermieden werden. Zu Reiswellen gebündelt, wanderte das gestümmelte Reisig dann in den wärmenden Ofen, während der Stamm neue Zweige und Äste trieb. Zeugen solcher Nutzungsart finden sich noch, versteckt in schützender Stechpalmenwildnis, inmitten eines umzäunten Privatgrundstücks auf einem ehemaligen Weidberg nahe dem Dorf Horben bei Freiburg.

Mutter des Waldes: die Buche

Dieses Gewächs »gleicht dem Menschen. Es hat seine Haut, das ist die Rinde. Sein Haupt und Haar sind die Wurzeln; es hat seine Figur und seine Zeichen, seine Sinne und seine Empfindlichkeit im Stamme. Nach einer Verletzung stirbt es daher. Es hat Laub, Blüten und Früchte als Zierde wie im Menschen das Gehör, das Gesicht und die Sprache sind. « (Paracelsus, 1493-1541)

Die Buche verdankt die ihr zugeschriebene Mutterrolle natürlich nicht so sehr ihrer oft barocken äußeren Gestalt, als vielmehr ihrer Fruchtbarkeit, ihrer Vitalität und ihrem mitunter sehr beherrschenden Wesen; vor allem aber glaubte man lange Zeit, ihrem im Herbst abgeworfenen Laub komme im Nährstoffkreislauf des Waldes eine ganz besondere Bedeutung zu.

Anschauungsbeispiele, die diesen Schluß nahelegen, gibt es in der Tat mehr als genug: Mit dem Übergang zur Stallfütterung, als man mit Hilfe der neuen Forstgesetze (Baden 1833, Württemberg 1879) endlich das Weidvieh aus dem Wald hinausgedrängt hatte, begannen die Bauern in weiten Landesteilen damit, Buchenlaub zusammenzurechen und als Stallstreu zu verwenden. Dieser Eingriff in den Nährstoffhaushalt des Waldes sollte sich als außerordentlich folgenschwer erweisen. Vor allem an sonnseitigen Hängen, auf windausgesetzten Rücken und bei armem Ausgangsgestein verhagerte und verarmte der Boden derart, daß die Wuchsleistung der Bäume noch auf Waldgenerationen hinaus empfindlich geschmälert sein wird.

So offenkundig die schädlichen Auswirkungen des Laubrechens auch sein mögen: die Mutterqualitäten der Buche hatte man wohl doch überschätzt. Der Waldboden reagiert auf jede Art von Nährstoffentzug, gleich unter welcher Art von Bäumen. Die gewaltigen Laubmassen der Buche beeinträchtigen andererseits das Angebot von Licht, Wasser und Wärme für die Lebensgemeinschaft Wald und können so zu einer unter dem Blätterdach anderer Baumarten unbekannten Sterilität des Bodens führen. Doch wenn man ihr auch keinen Mutterschutz zu gewähren bereit ist, so möchte man die Buche dennoch nicht in der Landschaft missen; zu vertraut ist sie uns, auf mystische Weise vielleicht – mütterlich!

Weidbuchen am Wiedener Eck im Südschwarzwald

Wetterbuche am Milch-
buck im Obermünster-
tal (Südschwarzwald)

Balzerherrgott

Traumhafte Vision oder greifbare Wirklichkeit? – Die Betroffenheit derer, die auf ihrer Wanderung durch die Steilhänge des Wildgutachtales mit den bedrohlich klingenden Namen »Brennersloch«, »Schelmenhalde«, »Mörderloch« unvermittelt dem Balzerherrgott gegenübertreten, weicht nur sehr zögernd rationaler Wißbegier: Wie gelangte – inmitten finsterer Nadelwälder – der offenbar spätgotische Corpus in die knorrige Buche?

In der uns überlieferten Entstehungsgeschichte beginnen sich bereits Verbürgtes und Sage zu vermischen. Fest steht, daß noch kurz vor der Jahrhundertwende unweit der Buche das Gütlein des Winkel-Balzer (Balthasar) gestanden hatte. Sein Hofkreuz war aus Eisen geschmiedet und trug den sandsteinernen Kruzifix, dessen Herkunft bis heute unklar geblieben ist. Das Kreuz überlebte den Hof, der wie viele andere in der Gegend aufgegeben und aufgeforstet wurde, als er seinen Besitzer nicht mehr ernähren konnte. Es heißt, der Kruzifix sei durch Holzmacher, Hirtenbuben und einen Jäger, der – im Zorn ob der entgangenen Beute – ihm die Arme abgeschossen habe, grob mißhandelt worden. Von Reue geplagt, habe einer der Hirtenbuben das am Boden liegende Kreuz wieder aufgerichtet und an den Stamm der Buche gelehnt; deren wundgescheuertes Holz begann allmählich Kreuz und Körper zu überwallen. Keine vierzig Jahre sind es her, daß noch die Eisenarme aus dem Holz ragten, die der Forstmeister von Furtwangen eines Tages habe absägen lassen.

Die Buche wächst weiter, schon überwallt sie den Brustkorb des Gekreuzigten; Druck und Spannungskräfte des Holzes, Frost und Wetter vervollständigen das Zerstörungswerk.

Der Gott im Baum

Wir Menschen haben unsern Stolz
und wollen diesen Herrgott nicht.
Wir schlagen ihn ins Angesicht
und hängen ihn ans Marterholz.

Dort hängt er gut und stört uns kaum
bei den Geschäften dieser Welt.
Er ist im Winkel abgestellt
bei Fuchs und Has und Busch und Baum.

Doch sieh: Der Baum umfangen hält
das vielverachtet Bild aus Stein
und nimmt ihn ganz in sich hinein,
den Schmerzensmann und Herrn der Welt.

FH (1955)

Vierundzwanzig Buchen im Schönbuch

Im Schwäbischen Baumbuch des Jahres 1911 finden wir sie bereits abgebildet und beschrieben: »Der Herrenberger Stadtwald birgt als Merkwürdigkeit die 24 Buchen, einen Stockausschlag, der sich aus 24 Stämmen zusammensetzt und insgesamt 6,40 Meter Umfang besitzt. Gleich den benachbarten 12 Buchen sind sie ein überall bekannter Waldort. Schon bei der ersten Landesvermessung als Seltenheit vermerkt, dürften die 24 Buchen etwa 180 Jahre alt sein.«

Sie scheinen sich — wie auch die benachbarten 12 Buchen — kaum verändert zu haben in den verflossenen 65 Jahren. Der Pedant nur wird nachzählen und bemerken, daß der riesenhaft geratene Waldstrauß in Wahrheit nur mehr 17 Stämme zählt; an Kuriosität hat er indessen nichts eingebüßt, und allseitiges Rindengekritzel läßt auf ungebrochene Popularität schließen.

Das Schwedenkreuz

Das Steinkreuz in den Wurzeln der Buche trägt die Jahreszahl 1634. Es steht am »Langen-Rücken-Sträßle« unweit Bebenhausen im Schönbuch und erinnert an den Einfall mordender und plündernder Reiter während des Dreißigjährigen Krieges; nachdem die Schweden bei Nördlingen geschlagen waren, hatten die siegreichen kaiserlichen Truppen die Erlaubnis erhalten, vom 7. bis 12. September des Jahres 1634 das evangelische Württemberg zu plündern.

Sie taten dies gründlich, denn offenbar half diesmal auch die Flucht in den Wald nicht mehr – jene verzweifelte Instinkthandlung der von Kriegsnot Heimgesuchten -, ihre Habseligkeiten oder auch nur das nackte Leben zu retten.

Die Chronik von Weil im Schönbuch berichtet von diesem Ereignis: »Nachfolgende Personen sind teils im Flecken, teils aber in den Wäldern umgekommen und erschossen worden. Gall Lechenmayer ledigen Standes und in den Wald gegraben. Eustachius Renz, in den Wald begraben. Konrad Burger, Roßhirt, der im Wald seine Pferde verteidigte...«

Das Elend hatte freilich erst so richtig begonnen, und die ziellos umherschweifenden Horden aus aller Herren Länder sorgten im weiteren Verlauf des Krieges dafür, daß sich bald niemand mehr fand, der Kreuze aufstellte.

Historiker pflegen Buch zu führen: Als der Dreißigjährige Krieg 1648 zu Ende ging, war die Bevölkerung Deutschlands um mehr als die Hälfte zurückgegangen (von einst knapp 26 Millionen auf weniger als 13 Millionen).

Friedhofsbäume

Bäume gehören zum Friedhof wie das Amen zum Vaterunser. Hat es mit ihnen eine besondere Bewandtnis, oder dienen sie hier nur als Zierat, als grüne Verbrämung einer kommunalen Einrichtung, die die verstädterte Gesellschaft am liebsten tabuisieren möchte? Was mag in den Köpfen der Friedhofsgärtner, der Beamten der städtischen Gartenbauämter vor sich gehen, wenn sie zwischen die Toten immergrüne Lebensbäume (Thuja plicata) pflanzen? Sollen Friedhofsbäume – gar jene Friedhofsgerüche verströmende Modebaumart aus Nordamerika – etwas Pietätvolles, etwas Trostspendendes an sich haben?

Auszuschließen ist es nicht, daß in unserem Unterbewußtsein etwas fortlebt vom mythischen Glauben an die Wesensgleichheit von Baum und Mensch. Könnte es sein, daß wir Kurzlebigen uns an ihnen, den Beständigen, den Immergrünen und den stets auf neue Grünenden, aufzurichten suchen? Bei der Erschaffung der Welt hatte es dem Schöpfer gefallen, seinen Garten mit prächtigen Bäumen auszustatten – den Baum der Erkenntnis und des Lebens eingeschlossen; sollten Bäume uns den Blick auf ein Jenseits öffnen helfen? Im Bild des Stammbaumes halten wir das Kommen und Vergehen von Geschlechtern fest. In der Symbolsprache der Maler sind winterkahle Bäume Chiffren für Sterben und Tod. Das Holz der Bäume umfängt den Neugeborenen in der Wiege, den Verstorbenen im Sarg.

*»Die fünf Schwestern«,
fünfstämmige Buche
bei Kaltbrunn auf dem
Bodanrück*

*Eingewachsene Solitär-
Buche. Einst stand sie
frei auf einem Weidberg
bei Horben,
nahe Freiburg*

Pferdeleben unter Bäumen

Pferde haben ein besonderes Verhältnis zu den Bäumen. In ihrem Schutz und Schatten pflegen sie zu dösen, die Pferdenasen sanft gegen den blank gescheuerten, beknabberten Stamm gelehnt, dessen Witterung Vertrauen einzuflößen scheint. Ein andermal, nach übermütigem Sturmlauf der Herde, sammeln sie sich plötzlich unter dem Schirm einer der Buchen, stecken nickend und schnaubend die Köpfe zusammen, als gäbe es Gewichtiges zu beraten, und poltern mit den Hufen ungeduldig gegen die Wurzelanläufe. Baumlose Koppel – ödes Pferdeleben!

Auf den Marbacher Weiden der Schwäbischen Alb herrscht an Bäumen kein Mangel. Das Landesgestüt, ehemaliges Lehen der Herren von Grafeneck, wurde schon vor einem halben Jahrtausend von Graf Eberhard im Bart zu Zwecken der Pferdezucht erworben, seit 1573 diente es als Hofgestüt der Landesherren. Die von den Herzögen seit 1687 erlassenen Beschälordnungen steckten Ziele, denen es nicht an Gemeinsamkeiten fehlte mit den Wunschbildern, die sich Landesväter gemeinhin wohl von ihren Landeskindern zu machen pflegen: Zuchtziel war das »Württemberger Arbeitspferd«, ein Warmblut, »voll bemuskelt, aber mit genügend Adel, ausgeprägter Arbeitswillen und ein anständiger Charakter«.

Die Baumweiden des Gestüts haben Museumscharakter. Ihre Erhaltung verdanken sie nicht zuletzt höfischer Jagdpassion: Herzog Karl Eugen vor allem bezog sie in die Parkanlagen mit ein, denn Grafeneck war ihm ein »zweites Solitude«. Hier fand er die besten Voraussetzungen für die Jagd mit Hunden und Pferden vor. Parkartige Holzwiesen (Holzmähder), Einzelbäume, Baumgruppen und sich auflösende Waldreste bestimmten allenthalben das Landschaftsbild der Albhochfläche, ehe Forstgesetz und wirtschaftlicher Zwang die säuberliche Trennung von Wald und Weide nach sich zogen: Magerwiesen, durchzogen von Lesesteinriegeln und Hägern aus Bäumen und Wildsträuchern, Wüstungen mit Dorngestrüpp. Weidende Herden und Hetzlaut der herrschaftlichen Hundemeute. Ein Windstoß bringt Bewegung in Buchenkronen und Pferdemähnen; vom nahen Übungsgelände trägt er anschwellendes Dröhnen, Kettengeräusch und Helikopterknatter herüber.

Die »Teufelskanzel« von Sternenfels

Das Schwäbische Baumbuch zählt sie zu den größten dendrologischen Kostbarkeiten des Landes. Die »Teufelskanzel« oder »Kanzelbuche« verdankt Namen und Volkstümlichkeit ihrem höchst absonderlichen Wuchs, der, bald korkenzieherartig, bald in scharfeckigem Zickzack, bald in achterförmigen Schleifen oder gar in kreisförmigen Verwachsungen, bei abergläubischen Gemütern begreiflicherweise den Verdacht nährte, hier könne es nicht mit rechten Dingen zugehen.

Eigenwillige Mutation, Abart oder gar eigene Unterart der gemeinen Buche? Die in der Namensgebung stets eilfertigen Botaniker tauften sie Fagus sylvatica tortuosa Pepin (oder auch F. s. suentelensis Hort), nicht zu verwechseln mit der durch gärtnerische Manipulation erzeugten Hängebuche der Gärten (Fagus sylvatica var. pendula Loud). Man weiß nur wenig über den bizarren, geheimnisumwitterten Baum. Das Zentrum seiner Verbreitung liegt im Süntelgebirge (Weserbergland), wo es noch im vorigen Jahrhundert davon geschlossene Bestände gegeben haben soll, deren Reste von Märchen und Sagen umwoben sind. Derzeit mögen es im gesamten Bundesgebiet noch knapp hundert dieser »Süntelbuchen« sein; in Baden-Württemberg ist es allein die »Kanzelbuche«, obwohl zu Zeiten des Schwäbischen Baumbuchs schlangenwüchsige Sämlinge um den Mutterbaum emporgezüngelt sein sollen. Demnach müßten freilich noch weitere Exemplare in der näheren Umgebung gestanden haben, denn Süntelbuchen sind absolute Fremdbestäuber.

Unser Baum soll um das Jahr 1800 bereits dem König Friedrich aufgefallen sein, als er im Stromberg eine herrschaftliche Jagd veranstaltete; und er selbst soll die Erhaltung des Baumes veranlaßt haben. Die Teufelskanzel entging so dem Schicksal ihrer Artgenossinnen, als unnützes »Teufelsholz« mit Stumpf und Stiel ausgerottet zu werden. Wie man aus dem Süntelgebirge weiß, erreicht die Süntelbuche ein höheres Alter als die gemeine Rotbuche. Hat sie mit über 300 Jahren ihr Höchstalter erreicht, stirbt sie eines eindrucksvollen Todes: Nicht der Sturm wirft sie um, sondern ihre Krone fällt einfach auseinander. Lange wird es also die Teufelskanzel nicht mehr machen, da werden auch die hölzernen Stützen nicht mehr helfen. Sägewerker und die um langschäftiges Nutzholz bemühten Forstleute mögen das Kreuz schlagen: Es wird Zeit, die Nachzucht dieses Baumes zu sichern!

Märchenwald am Heidstein

Der Fußwanderer, der abseits der markierten Wege vom Wiedener Eck zum Heidstein hinaufsteigt, betritt in nahezu 1250 Meter Seehöhe unvermittelt eine verwunschene Welt: Er sieht sich plötzlich umringt von schlangenförmig gekrümmten und gewundenen Buchenstämmchen, von gespensterhaften Gestalten, zumal, wenn sie aus treibendem, den Bergkamm verhüllendem Regengewölk auftauchen.

Alljährlich vom Schnee zu Boden gedrückt und zerbrochen, waren sie als Büsche noch vom Weidevieh verbissen und zertreten worden; nun stehen sie da, seltsame Fantasiegebilde inmitten gepflegter Wirtschaftswälder — so wertlos für den Waldbesitzer wie ungebärdig wild und wunderlich für das Auge des Besuchers.

Könnt ihr noch Wetterbuchen liefern?

Aber es werden Menschen kommen
denen das zeitauf zeitab
der Fabriken gleichgültig ist
sie wollen nicht auf Märkten einkaufen
aber sie fragen
nach dem Millionen
Jahre alten Wind
ob ihr noch Vögel
Fische
Füchse
Sumpfdotterblumen
aufgehoben habt
wenn anderswo
alle Wälder zerstückelt sind
alle Städte über die Ränder getreten
alle Täler überquellen vom Müll
Könnt ihr noch Wetterbuchen liefern?
einen unbegradigten Fluß?
Mulden ohne schwelenden Abfall?
Hänge ohne Betongeschwüre?
Seitentäler ohne Gewinn?
habt ihr noch immer nicht genug
Einkaufszentren in Wiesen gestreut
Möbelmärkte zwischen Skabiosen
nicht genug Skilifte ohne Schnee
Nachschubstraßen für Brot und Spiele
Panzerschneisen hügelentlang
Fichtenschonungen auf der Albheide
wenn ihr die Schafe aussterben laßt
stirbt der Wachholder…

Margarete Hannsmann (aus »Landschaft«,
entnommen der Gedichtsammlung
»Ins Gedächtnis der Erde geprägt«,
Schwäbisch Hall 1973,
mit Illustrationen von HAP Grieshaber)

Windbuchen auf dem Schauinsland

Vom Sturm zerzaust, gepeitscht, geschert und niedergedrückt, gehören die Buchen auf dem Schauinsland, dem Freiburger Hausberg, zu den markantesten und meistfotografierten Baumgestalten des Schwarzwalds. Die Bergleute, die auf dem »Erzkasten« schon seit römisch-keltischer, vor allem aber in zähringischer Zeit und verstärkt wieder seit dem 17. Jahrhundert nach Silber, Blei und Kupfer schürften, haben dem Wald hier oben heftig zugesetzt: Die Nadelhölzer verschwanden als Streben und Stützen in den Gruben, die Buchenbestände lösten sich durch Brennholznutzung, Viehverbiß, durch Eisbehang, Sturm und Schneegebläse immer weiter auf. Die letzten Überreste werden heute von den Freiburger Baumfreunden argwöhnisch bewacht, denn noch immer einmal sterben welche eines unnatürlichen Todes als Opfer des Weide- und Skibetriebs oder ertrinken in neugepflanzten Fichten-Windschutzstreifen.

Bäume sind für mich immer die eindringlichsten Prediger gewesen. Ich verehre sie, wenn sie in Völkern und Familien leben, in Wäldern und Hainen. Und noch mehr verehre ich sie, wenn sie einzeln stehen. Sie sind wie Einsame. Nicht wie Einsiedler, welche aus irgendeiner Schwäche sich davongestohlen haben, sondern wie große, vereinsamte Menschen, wie Beethoven und Nietzsche. (Hermann Hesse, 1877-1962, aus: Wanderung)

Ernster und tiefer berührte mich der Anblick der Bäume. Ich sah jeden von ihnen sein abgesondertes Leben führen, seine besondere Form und Krone bilden und seinen eigenartigen Schatten werfen. Sie schienen nur, als Einsiedler und Kämpfer, den Bergen näher verwandt, denn jeder von ihnen, zumal die höher am Berg stehenden, hatte seinen stillen zähen Kampf um Bestand und Wachstum, mit Wind und Wetter und Gestein. (Hermann Hesse, 1877-1962, Peter Camenzind)

Eine schier vollkommene Idylle

Zu den fast obligatorischen Requisiten einer heilen Welt gehört in süddeutscher Landschaft unzweifelhaft der »Lindenbaum«; darunter die Bank, die zur Rast und – Zeugnis schlichter Volksfrömmigkeit – Feldkreuz oder Kapelle, die zu geistlicher Einkehr laden. »Wo wir uns finden, wohl unter Linden...«, da ist die Idylle mithin am deutschesten.

Am vollkommensten noch läßt sich Idylle mit dem selektierenden Objektiv der Kamera einfangen, und so finden wir sie denn auch vorzugsweise auf Bildkalendern, Ansichtskarten und Fremdenverkehrsprospekten festgehalten, während der frei über die Landschaft hin schweifende Blick immer häufiger die höchst unidyllischen Hinterlassenschaften unserer Zivilisation mitaufzunehmen gezwungen wird.

Ein Kameraschwenk um nicht ganz hundertachtzig Grad, und die im nebenstehenden Bild gezeigte Harmonie spätsommerlicher Alblandschaft (Spaichinger Alb) erschiene vor dem beklemmenden Hintergrund kreisender Riesenohren einer Radarstation.

Und find' ich keine Herberg', so lieg ich zur Nacht wohl unter blauem Himmel: die Sterne halten Wacht; im Winde die Linde, die rauscht mich ein gemach, es küsset in der Frühe das Morgenrot mich wach.

Emanuel Geibel (1843) aus »Der Mai ist gekommen«

Winterlinden-Sommerlinden

Winterlinde bei Heiligenberg im Bodensee-Hinterland

Der Süddeutschen liebster Baum — das sind in Wahrheit zweierlei Bäume: die Winterlinde (Tilia cordata) und die Sommerlinde (Tilia platyphyllos).

Sind sie schon für den Laien nicht leicht zu unterscheiden, so neigen sie auch noch zur Bastardbildung, zu raschwüchsigen Mischformen, deren Einordnung dann selbst Experten oft mißlingt.

Lignum sanctum, das »heilige Holz« der Linde, aus dem Tilman Riemenschneider, Veit Stoß und Meister HL ihre großen Werke schufen, dürfte vorwiegend das für Schnitzereizwecke unübertreffliche Holz der Winterlinde sein.

Am ehesten erkennen wir die Winterlinde in belaubtem Zustand, denn sie hat kleinere Blätter als die Sommerlinde, und ihre Blattstiele sind obendrein behaart. Im Gebirge baut uns die Winterlinde eine Eselsbrücke, steigt sie doch in höhere, winterlichere Regionen hinauf als die Sommerlinde, die ihrerseits an ihren Standort größere Ansprüche stellt, im Juni früher blüht, rascher wächst, älter und stärker wird als die Winterlinde.

Die klassische, die »tausendjährige« Dorflinde ist allemal die Sommerlinde.

In aller Regel war sie es daher, die als heiliger Baum verehrt, in vorchristlicher Zeit Freya, der mütterlichen Beschützerin des Lebens, später dann der Maria geweiht wurde.

Nicht die Eignung der Linde als Schnitzholz ist schuld daran, wenn sie in den ihr behagenden Waldgesellschaften heute nicht mehr stärker beteiligt ist.

Es ist schon beinahe in Vergessenheit geraten, daß nicht nur ihr leicht zu bearbeitendes Holz, sondern vor allem auch ihr Bast einen seit unvordenklichen Zeiten unentbehrlichen Rohstoff lieferte: Die Zunft der Seiler verarbeitete den Rindenbast junger Schößlinge in Schnüre und Seile, und den Bast älterer Stämme benötigte man für Matten, Gewebe und vielerlei Flechtwerk.

Die Bastgewinnung führte vielerorts schon früh zur Vernichtung der natürlichen Lindenbestände. Im heutigen Wirtschaftswald haben Linden meist nur noch eine untergeordnete Funktion, als Füllholz in Mischung mit anderen Wirtschaftsbaumarten.

Gerichtslinde

Auf der Bank unter der Linde wurde nicht immer nur behaglich geplaudert, hier pflegten sich nicht nur die Verliebten einzufinden, und unter ihrem Kronendach wurden nicht nur sommerliche Tanzfeste gefeiert. Der Baum der dörflichen Idylle, des Gemüts und der Innerlichkeit hatte auch noch ein anderes Gesicht: Als Friedensbaum, der nach altem mythischem Glauben half, die Wahrheit zu enthüllen, blieb er bis in die Neuzeit bevorzugte Gerichtsstätte, nachdem sich schon die Germanen unter ihm zum Thing versammelt hatten. Eine uralte Gerichtslinde steht im Harmersbachtal bei der Michaelskapelle im vormals selbständigen Dorf Kirnbach. Unter ihr fanden einst die Gerichtstage des freien Reichstales Harmersbach statt. Die Bauern dieses Tals hatten es 1655 selbsttätig zum freien Reichstal erklärt, das bis 1803 bestand und als freie Bauernrepublik zu den sonderbarsten Gebilden des alten Reichs gehörte. Ein eigenes Hochgericht besaßen die Bauern schon seit dem 14. Jahrhundert. Das Alter des ruinenhaft zerklüfteten, doch immer noch vitalen Baumes wird auf 600 bis 700 Jahre geschätzt. Vor langer Zeit schon müssen Blitzschlag oder Schnee den hohlen Stamm zerrissen haben, so daß von dem ursprünglichen Hohlzylinder nur noch drei brettartige Stücke übrigblieben. Durch Überwallung haben sich diese wieder zu mächtigen Teilstämmen regeneriert, was den Botaniker Ludwig Klein derart beeindruckte, daß für ihn »die Kirnbacher Gerichtslinde trotz ihres unscheinbaren und geradezu häßlichen Aussehens einer unserer allerinteressantesten Bäume« war.

Unter den Gerichtslinden wurde nicht nur Recht gesprochen, hier wurden auch Urteile vollstreckt. An einem anderen Baum, der »Richtplatzlinde« in Schönau (Wiesental), findet sich eine Tafel mit folgender Aufschrift: Unter dieser Linde, als auf der Stätte des Hals- und Landgerichts der Talvogtei Schönau wurde das letzte Todesurteil gesprochen und vollstreckt am 18. Oktober 1737 im Beisein von

Jack Beckert, Vogt und Landrichter
Paul Wetzel, Fiskal oder peinlicher Ankläger
Sebastian Lais, Fürsprecher des armen Sünders.

Dorflinde in Hochmössingen

Auf einem der höchsten Punkte links des Neckars liegt im Oberamt Oberndorf das alte Pfarrdorf Hochmössingen, dessen weit ins Land schauender Kirchturm einen wichtigen Hauptpunkt unserer Landesvermessung bildet. Am Nordausgange des Dorfes, vor der 1480 gestifteten und nach der Zerstörung im 30-jährigen Kriege 1697 neu erbauten Agathenkapelle steht eine uralte Sommerlinde, offenbar auf altgeheiligtem Boden. Ihr völlig hohler Stamm mißt 7 m im Umfang. Zwei Öffnungen, die, wie die starken Überwallungen zeigen, schon vor langer Zeit künstlich zu »Tür« und »Fenster« erweitert wurden, führen ins Innere, in dem wohl zehn Personen Platz finden. Nach oben dringt der Blick durch die hohlen Stämme der längst gebrochenen Hauptkrone wie durch Fernröhren gen Himmel. Und doch grünt der Baum noch fröhlich weiter, jüngere Äste schließen sich zur 15 m hohen Krone zusammen, so daß man aus der Ferne ihn für völlig gesund halten möchte. Das Alter der Linde mag immerhin 600 Jahre betragen. Wie eine Sage wissen will, soll sie in Kriegszeiten schon als Versteck gedient haben und wie ein Haus verteidigt worden sein. (Schwäb. Baumbuch 1911)

In Hochmössingen scheint die Zeit — sehr zum Vorteil seiner Linde — stehengeblieben zu sein.
Nichts hat sich ereignet, was den Baum hätte bedrohen können, und so finden wir ihn nahezu unverändert vor. Der dünnwandige Holzmantel hat an Umfang noch einmal knapp einen halben Meter zugelegt, und auch das bemerkt nur einer, der dem Stamm ein Maßband umlegt.
Linden, vor allem Sommerlinden, gelten als besonders empfindlich gegen Abgase. Die Umrüstung der Hochmössinger Bauernhäuser von Holz- auf Ölfeuerung erfolgt nur zögernd, und auch der Dieseldunst der Ackerschlepper erwies sich als verkraftbar für die Linde.

Die Ziegelhoflinde bei Ehingen

Als im Jahre 1909 der Forstassessor und Verfasser des Schwäbischen Baumbuchs Otto Feucht die Alb bereiste, um die stattlichsten Bäume zu fotografieren und zu beschreiben, da hatte es ihm einer wohl ganz besonders angetan: Die Ziegelhoflinde bei Ehingen. Entgegen seiner sonstigen Gepflogenheit brachte er im Buch gleich zwei Aufnahmen von ihr unter: Eine Totale, die den prächtigen Baum vor dem Hintergrund der Ökonomiegebäude zeigt, sowie eine Detailaufnahme des gewaltigen, durch Hohlräume und Überwallungen zerklüfteten, 8,45 Meter Umfang messenden Stammes. Um die wahren Ausmaße glaubhaft machen zu können, hatte der Fotograf als Staffage zwei Kinder in Positur gesetzt. Kindern scheint der Baum schon seit Jahrhunderten als Versteck und Spielplatz zu dienen.

Damals um die Jahrhundertwende hatte der (Sommer-)Linde Gefahr gedroht; der Besitzerin des Hofs, der Stadt Ehingen, und ihren Sanierungsplänen muß sie wohl im Weg gestanden haben. Doch »volle Anerkennung und Nachahmung« – so das Schwäbische Baumbuch – »verdient es daher, daß die Stadtverwaltung, auf den Denkmalswert des Baumes aufmerksam gemacht, unverzüglich seine Erhaltung beschloß und seinen Fortbestand sicherstellte.« Das Loblied zeigte nachhaltige Wirkung, denn als nach knapp siebzig Jahren wieder einer daherkam, um die Ziegelhoflinde für Veröffentlichungszwecke in einem Baumbuch zu fotografieren, fand er sie gesund und unverändert vor. Der Bub von damals freilich war mittlerweile der Altbauer, dessen Enkel sich in der Linde häuslich eingerichtet haben, dort klettern und spielen, daß der Großvater seine reine Freude daran hat.

»Die Kronenhöhe beträgt nur noch 13,50 Meter, doch scheint es dem wildzerrissenen, mit Misteln bedeckten Baume noch nicht mit dem Absterben zu eilen.« Ein kurzes Menschenalter später ist dieser Feststellung noch immer nichts hinzuzufügen.

Josephslust

Josephs Lust war das Jagen. Da er Fürst von
Hohenzollern war, ließ Joseph sich (im Jahr 1727)
in seinen wildreichsten Jagdgründen im ausge-
dehnten Waldgebiet zwischen Meßkirch und
Mengen ein Jagdschlößchen erbauen, das er
Josephslust taufte. Im fünfzehnten Jahrhundert,
als hier neben Rot-, Reh- und Schwarzwild auch
Bären noch ihre Fährten zogen, hatte man sich die
Jagd noch mit den angrenzenden Freiherren geteilt,
ehe sie im Jahr 1535 ganz in die Hände der Grafen
von Zollern gelangte und zu einem Wildpark umgestaltet wurde.

Der Park ist heute beliebtes Ausflugsziel, der umlie-
gende Wald fast reiner Nadelholzbetrieb. Kunst-
produkte sind sie beide: die Parklandschaft mit
ihren weitausladenden, mehrhundertjährigen
Eichen, Buchen und Linden ebenso wie die Hoch-
leistungsbestände mit ihren langschäftigen, im
Dichtschluß erwachsenen Fichten. Die ersteren
verdanken ihre Entstehung höfischer Jagdwirt-
schaft, die letzteren neuzeitlicher Forstwirtschaft.
Was begeistert uns für die einen, was nimmt uns
gegen die anderen ein? Bezieht der Dichter und
Schriftsteller Ernst Jünger (der in der Nähe seinen
Wohnsitz hat) sein Schönheitsempfinden etwa
noch aus feudalistischen Zeiten, hinken die Lieb-
haber alter, parkartig durchsonnter Wälder mit
ihrem Geschmack hinter ihrer Zeit einher? Könnte
es sein, daß wir in dem Maße die Ehrfurcht vor alten
Bäumen verlieren, wie wir auch einem Senat oder
einer Versammlung von Königen keine »raum- und
zeitbezwingende Macht« mehr zugestehen mögen?
Für Ernst Jünger ist das mehr als für uns eine Frage
des ästhetischen Genusses:
»Daß die alten Bäume auf Erden aussterben,
ist unter allen bösen Zeichen das bedenklichste.«

»Walkstetter Linde«.
Ca. 300jährige Winter-
linde bei Bernstadt auf
der Ostalb. Stammum-
fang 7 Meter, Durch-
messer der Krone 30
Meter, Baumhöhe 17,5
Meter. Der Baum wurde
vermutlich zur Erinne-
rung an den im Dreißig-
jährigen Krieg abge-
gangenen Weiler Walk-
stetten gepflanzt

Warst so schön, breitwipfliger Baum,
Als dir schwollen die Knospen,
Als du Blütendüfte verhauchtest;
Warst so schön!

Dich umsummt' im Lenzabend der Käfer,
Geflügelte Ameisen schwärmten
Wie Mittagswölkchen, die die Sonne
Versilbert, um deinen Blütenzweig.

Die Blüte fiel; da warst du grün
Und stärktest mein Auge,
Das, ans falsche Dunkel meines Kerkers
Gewöhnt, blinzt' im Sonnenstrahl.

Und nun bist du halbnackt;
Der Herbststurm blies in deinen Scheitel
Und deinen Schmuck; die goldnen Blätter
Wälzt nun wogend der Odem des Sturms.

Die schwarzen Äste starren traurend,
Ihrer Decke beraubt, in die Luft.
Dich flieht der Sperling, denn du bist
Ihm nicht mehr Hülle gegen den Sperber. —

Christian Friedrich Daniel Schubart
(1739-1791, aus: »Die Linde«)

Lichtentaler Allee

Am Weltruf der Kurstadt Baden-Baden hat neben Thermen, Landschaft und Baulichkeiten auch die Lichtentaler Allee ihren unbestrittenen Anteil. Denn wo läßt es sich besser kuren, wo umplätschern den Gast die sanften Wellen der Nostalgie betörender als unter altehrwürdigen Bäumen, unter denen auch die Großen dieser Welt schon zu wandeln pflegten – hinter denen sich freilich auch der schnöde Attentäter verbarg, um König Wilhelm von Preußen aufzulauern (1861)!

Die ob ihrer Schönheit so gerühmte Allee kann dabei durchaus nicht als Inbegriff harmonischen Gleichklanges und Ebenmaßes herhalten; bezeichnenderweise sind ihre Ursprünge in einer Schweineweide, einem Eichwald, zu suchen, der sich im 16. Jahrhundert vor den ostwärtigen Toren der Stadt ausbreitete. Unter Einbeziehung von vorhandenen Alteichen soll um das Jahr 1665 der Kammerherr Moritz von Lassolaye aus Savoyen, der den damals drei Monate alten Erbprinzen, den späteren »Türkenlouis«, insgeheim von Paris nach Baden-Baden verbracht hatte, die »Große Eichenallee« angelegt haben. Dieses noch heute so benannte westliche Teilstück der Lichtentaler Allee führt längs des Flüßchens Oos vom Kurhaus bis zur Kettenbrücke.

Bereits im vorigen Jahrhundert waren die Ausfälle unter den Eichen als Folge ihrer Überalterung beträchtlich; die entstandenen Lücken wurden mit Roteichen, Linden und Roßkastanien, teilweise auch wieder mit einheimischer Eiche ausgepflanzt. Trotzdem ist es nicht zum Besten bestellt um die Anlage: Am bedrohlichsten schwebt über ihr der

Plan, mittels einer im Bett der Oos verlaufenden Tiefstraße der Stadt Verkehrsentlastung zu verschaffen. Sollte der Plan Wirklichkeit werden, müßten voraussichtlich einhundertvierzig alte Bäume weichen. Nachfolger der Eichen soll – so will es die um internationales Flair bemühte Stadtverwaltung – der aus Amerika stammende, elegante, wenngleich kurzlebige Tulpenbaum (Liriodendron tulipifera) werden.

Der jüngere, östliche Teil der Lichtentaler Allee, durch den heute statt Pferdegespannen die Kraftfahrzeuge rollen, dürfte erst gegen Ende des 18. Jahrhunderts angelegt worden sein. Das Gelände gehörte ursprünglich dem Kloster Lichtental, dessen Äbtissin sich noch 1775 erbittert gegen die Weiterführung der Allee zur Wehr gesetzt hatte. Wie es eine markgräfliche Verordnung aus dem Jahr 1794 verlangte und wie es auch damaliger Mode entsprach, wurden zuerst Weiden und »Italiänische Pappeln durch Setzlinge gepflanzt«, die 1835, in Anpassung an das zunehmend mondänere Publikum, durch den nordamerikanischen Silberahorn (Acer saccharinum) ersetzt wurden. Da sich diese Baumart jedoch als Alleebaum nicht bewährte, mußten die anbrüchigen, kaum hundertjährigen Bäume in den Jahren 1924/25 gefällt werden; an ihre Stelle pflanzte man Silberlinde (Tilia tomentosa) und Krimlinde (Tilia euchlora), durch deren kreuzgangähnliche Bogenöffnungen heute der Blick noch immer in eine lichte Tallandschaft schweift.

Der wiederholte Wechsel der Baumarten scheint dem Gesamteindruck nie nachhaltig geschadet zu haben, und doch stellt dieser Umstand den Planern in Gegenwart und Zukunft sicherlich keinen Freibrief aus. Der Nutzen von Bäumen ist beileibe nicht auf ihre ästhetische Wirkung beschränkt – als schmückender Bestandteil auf Baden-Badens Visitenkarte sind sie schlicht unersetzlich. Vorbehaltlos dürfen wir deshalb noch heute dem sachkundigen Urteil in Wilhelm Jensens Führer »Durch den Schwarzwald« (Leipzig 1900) beipflichten:

»Unmittelbar am Kloster Lichtental beginnt eine breite Allee aus hohen, prächtigen Bäumen; Anlagen, Gärten, elegante Restaurants, Villen begleiten sie zur Rechten und Linken, Türme, Kuppeln, Schloßzinnen flimmern durch das Laub, ragen über Rasenflächen herüber und »ecco apparire Gerusalemme si vede, ecco agitare Gerusalemme si scorge« Baden-Baden – in einer kleinen halben Stunde durch die ›Lichtentaler Allee‹, wohl den schönsten Stadtzugang in deutschen Landen, erreicht.«

»Doggelesbaum«, Feldlinde bei Nassau im Taubergrund. Die Äste wurden einst zur Futtergewinnung
gestümmelt

Linde bei der Reiterleskapelle

Jede für sich betrachtet, sind weder Kapelle noch Linde sonderlich bemerkenswert. Zusammen jedoch ergeben sie »eine der schönsten Vereinigungen von
Baum und Bauwerk, ergreifend in ihrer schlichten Selbstverständlichkeit«
(Otto Feucht, Ein Buch von der Schönheit des Baumes, Stuttgart 1929).
Der Besucherstrom, der sich vom nahen Parkplatz aus auf die Paßhöhe
zwischen Filstal und Schwäbisch Gmünd zur Kapelle hin ergießt, reißt nur
selten ab. Auf den Trampelpfaden der Fotografen rings um ihr beliebtes Motiv
ist die Grasnarbe längst dem Weiß des darunter anstehenden Jurakalks
gewichen. Kein heimatbewußter Bildkalender, in dem die Reiterleskapelle
fehlen dürfte!
Ein Bauer aus dem nahen Tannweiler hat um das Jahr 1717 auf seinem Grund
und Boden die Kapelle gestiftet. Er weihte sie dem heiligen Leonhard, dem
Schutzpatron der Haustiere, und pflanzte dicht daneben eine Linde; dem flach-
gründigen Boden ist es zuzuschreiben, daß sie trotz ihres Alters von 260 Jahren
noch immer nur bescheidene Stärke aufweißt. Der Sage nach veranlaßte eine
übersinnliche Erscheinung den Bauern zur frommen Tat: Auf dem nächtlichen
Heimweg von einer Beerdigung begegnete ihm ein Reiter, in welchem er den
Verstorbenen zu erkennen glaubte.

Lindenlaube

Die Linde zu Neuenstadt war zwar die berühmteste, doch nicht die einzige ihrer Art. Auf steinernen Säulen ruhten auch die Äste einer Linde, die auf dem Gerichtsplatz des Städtchens Weinsberg zu Füßen der Burg Weibertreu stand. Zwar waren es hier nur 28 Säulen, verbunden durch einen steinernen Kranz, und ausweislich der Wappen und Inschriften ihrer Stifter waren sie auch erst im 17. und 18. Jahrhundert erstellt worden, doch ist nicht daran zu zweifeln, daß die von ihnen gestützte Linde noch Zeugin jenes schrecklichen »blutigen Ostersonntags« des Jahres 1525 war. Der Weinsberger Gerichtsplatz war damals zum Schauplatz der schimpflichen »Erspießung« von zehn adligen Rittern durch die aufständischen Bauern geworden, wofür die Stadt dann vom Bauernjörg niedergebrannt wurde. Das Schwäbische Baumbuch fand noch den stark abgängigen Strunk der Linde vor, der jedoch inzwischen vollends verschwunden ist.

An eine nicht weniger blutige Zeit soll eine Linde gemahnen, deren Laube noch gut erhalten ist: die Linde in Hollenbach, einer alten fränkischen Siedlung auf der Hohenloher Ebene, Urpfarrei der fränkischen Königsmission und einstmals Sitz des Gerichts für die Cent Weikersheim. Die Linde (Umfang 7,50 Meter) wurde nach dem Ersten Weltkrieg zu einem Kriegerdenkmal umgestaltet; jedem Gefallenen des Dorfes widmete man eine steinerne Säule – siebzehn an der Zahl.

In früheren Zeiten scheint die Linde bisweilen das Rathaus ersetzt zu haben, und noch nach dem Zweiten Weltkrieg wurden hier allsonntäglich nach dem Kirchgang die öffentlichen Bekanntmachungen verlesen. Daß die Linde vor ihrer Umgestaltung bereits ein hölzernes Traggerüst umgab, entnehmen wir einem Bericht des Amtmanns J. G. Rosa von Hollenbach an die Regierungskanzlei Weikersheim vom 29. Mai 1747. Darin wurde Klage geführt über den Mangel an Bauholz im Gemeindewald: »Wie man dann zu der großen Linden, welches gleichsam der Gemeinde Rathaus ist und alles gemeinsam Weßen darunter traktiret wird, wenigstens 30 Stämmen (für das Traggerüst, Verf.) ohne viele andere Costen nötig hat.«

Später Nachruf auf eine Ortslinde

Bürgerproteste gegen allzu eilfertiges Entfernen
von Bäumen »aus Gründen der öffentlichen Sicherheit und Ordnung«, Baumpatenschaften, Aktionen
für eine grünere Stadt, gegen Betonwüsten und
deren baumlose Unwirtlichkeit, Erfolge organisier-
ter Umweltschützer bei großstädtischen Kommu-
nalwahlen – spektakuläre Selbsthilfemaßnahmen
dieser und ähnlicher Art können nicht darüber hin-
wegtäuschen, daß alles in allem noch immer mehr
Baumgrün der städtebaulichen Entwicklung zum
Opfer fällt, als von den beamteten Grünplanern
geplant und realisiert werden kann. Gesetzlicher
Baumschutz findet sich zwar in den Bebauungs-
plänen einiger Großstädte, um so großzügiger und
gedankenloser verfährt man oft mit Bäumen in Mit-
tel- und Kleinstädten, wo sich das Bürgergewissen
noch weniger lautstark regt.
Es hat schon baumfreundlichere Zeiten gegeben.
Da war einmal eine Stadt im württembergischen
Unterland, die hatte einen besonders prächtigen
Baum in ihren Mauern; auf ihn waren die Bürger so
stolz, daß sie ihre Stadt bisweilen sogar nach ihm
benannten: Neuenstadt am Kocher hieß noch im
19.Jahrhundert Neuenstadt »an der Linde«. Am
8.April 1945 zerschmetterte eine Bombe den Baum.
Das Schwäbische Baumbuch widmete der Linde zu
Neuenstadt fast fünf Seiten Bild und Text, obwohl
sie 1910 (als das Buch geschrieben wurde) bereits
erheblich an Majestät eingebüßt hatte; »ist doch so
wenig mehr von Holz und Rinde vorhanden, daß es
schwerfällt, aus der 12,80 Meter im Umfang
messenden Mauerung die ursprüngliche Form
noch herauszulesen.« Die Autoren des Baumbuchs
wagten sogar leise Zweifel am »tausendjährigen«
Alter anzumelden und den Verdacht zu nähren, der
Baum könnte einst aus mehreren eng gepflanzten
Bäumchen zusammengewachsen sein.
Die Linde zu Neuenstadt war gleichwohl die volks-
tümlichste und ehrwürdigste Baumgestalt im
Lande. Ihre erste Erwähnung findet sich im Jahr
1448 in einem Appellationsinstrument des Abtes
von Schöntal: »acta sunt haec sub arbore Tilia extra
muros Novae civitatis iuxta fluvium Kocher sita.«
Da unter der Linde Gericht gehalten wurde, ist
anzunehmen, daß sie bereits ein stattlicher Baum
war. Sie stand vermutlich auf der uralten Gerichtsstätte des Brettachgäues.
56 Jahre später, nach der Eroberung der Stadt
durch Herzog Ulrich (1504), dichtete dessen
Uracher Zeugwart, Hans Glaser, in einem Lied:
»Vor der stat ain Lynde stat, die siben und sechzig
seulen hat.« Altfränkischem Brauch gemäß bildeten
die unteren Äste der Linde ein Laubendach, das
von einem Gerüst aus Säulen und Latten gestützt
wurde.
Im Jahr 1558 fand Herzog Christoph solchen Gefallen an dem Baum, daß er um ihn herum kunstvolles
Mauerwerk errichten ließ; fortan betrat man den
Lindenplatz durch ein zierliches Renaissancetör-

chen – nicht ohne nachdrücklich vor dem Mißbrauch der Anlage (s.o.) gewarnt zu werden. Ende
des 16. Jahrhunderts beschreibt der Schulmeister
Jakob Frischlin den Baum, der mittlerweile 160
Säulen hatte und dessen Stamm »13 Ellen dick«
(7,98 Meter Umfang) war: »Er ist gar hoch und wird
von hölzernen Zwenken oben zusammengezogen,
denn er hat zween Stammen… man kann darunter
Jahrmarkt halten, hat mehr denn 30 steinerne Tisch,
viel Kegelplätz und allerlei Kurzweil…«
Im 18. Jahrhundert häufen sich die Angaben über
die Linde. Übereinstimmend berichten 1785
J. S. Kerner (Beschreibung der Bäume und Gesträu-
che, die im Herzogtum Wirtemberg wild wachsen,
Heft 3) und 1792 das »Botanische Taschenbuch«
von D. H. Hoppe: »Der Hauptstamm begreift 35
Schuh im Umfang (10,03 Meter). Zwei Stämme
steigen von diesem empor, wovon der eine 120,
der andere nur noch 62 Schuh hoch ist (34 bzw. 18
Meter), weil ihn im Jahr 1773 ein heftiger Sturm
abriß. Vom Hauptstamm gehen 16 starke Äste
aus…, sie ruhen auf 106 Säulen.«
Im Jahr 1844 erregt die Linde das Interesse des
Engländers J. C. Loudon, aus dessen Schilderung
wir entnehmen, daß in der Krone ein Lustsitz erbaut
war, zu dem man auf einer Treppe gelangen konnte. In den Höhlungen und Löchern der Äste wuchsen zahlreiche Stachelbeersträucher, deren Früchte
an die Besucher verkauft wurden. 1847 verlor auch
der zweite Stamm seinen Wipfel; nur noch acht
starke Seitenäste, die man innen ausgemauert
hatte zum Schutz gegen den weiteren Zerfall,
waren vorhanden. Vier Fuß über dem Boden betrug

der Stamm jedoch den heute und hierzulande uner-
reichten Umfang von 46 Fuß (13,18 Meter). Als
1891 die Neuenstädter Kirche renoviert wurde, ver-
sammelte man sich zum Gottesdienst unter dem
Lindendach.
Das Schwäbische Baumbuch schließlich fand noch
drei Seitenäste vor; den ungeteilten der beiden auf-
rechten Stämme hatte 1897 ein Sturm zerstört. Nur
wenige der noch hundert Säulen dienten der alten
Linde selbst als Stütze; das grüne Dach lieferte
bereits 17 kronenlos nachgezogene Bäume. Das
Ende der Linde – wenn auch nicht das gewalt-
same – war abzusehen. »Vielleicht ist in früheren
Jahrzehnten manches versäumt worden in Schonung des Baumes; dafür war er stets frei zugäng-
lich, jahrhundertelang ein Erholungs- und Ruhe-
platz der Neuenstädter…« (Schwäbisches Baumbuch).

*Über den feuchten Stein einer
Stadtmauer hinstreichen, einem
fallenden Wasser am Wehr zuhören,
den Geruch von Schnittholz ein-
atmen und den von Lohe und Leder,
auf einer Anhöhe, gleich hinter der
Wegbiegung den großen Bäumen
begegnen, und in allem wissen: das
war schon einmal da, schon einmal
nah – hier oder nirgends ist Heimat.
(Albrecht Goes, in: Neckarland und
obere Donau, Frankfurt a.M. 1953)*

96

Die Linden von Meimsheim

In einer Weitung des Zabertals, in überaus anmutiger Lage, erhebt sich nördlich dem Pfarrdorfe Meimsheim die hübsche spätgotische Kirche mit ihren Linden, eine der glücklichsten Vereinigungen von Baukunst und Baumschmuck, die unser Land besitzt. (Schwäbisches Baumbuch 1911)

Das überschwengliche Prädikat wurde verliehen, obschon die Schönheit schon damals der Krücken und kosmetischer Kniffe bedurfte, obschon die beiden solchermaßen gerühmten Linden schon um die Jahrhundertwende von einem Wald hölzerner Sprießen gestützt und obwohl ihre Bruchstellen und Risse bereits sorgsam ausgemauert waren.

Während die jüngere von beiden mit ihrem Taillenumfang von 4,25 Metern (1910: 3,40 Meter) bislang noch nicht zum Kreis der Ehrwürdigsten gezählt werden kann, galt die stärkere, von einer Steinbank umgürtete, dem Schwäbischen Baumbuch schon als eine der stattlichsten Linden Württembergs. Das »tausendjährige« Alter, das ihr die Dorfbewohner bescheinigen, mag umstritten sein (der beträchtliche Dickenzuwachs der jüngeren Linde in den verflossenen knapp siebzig Jahren spricht wohl dagegen!): eine milde Übertreibung bei der Altersangabe wäre hier eine läßliche Sünde, denn der Standplatz der Linden ist von einiger Geschichtsträchtigkeit.

Die alte romanische Martinskirche, die von 1455 bis 1461 durch den spätgotischen Bau ersetzt wurde, hat die Linde jedenfalls mit Sicherheit erlebt. Vielleicht wurde unter ihrer Krone auch noch Gericht gehalten, denn das heute eher verschlafen wirkende Meimsheim war in fränkischer Zeit ein wichtiger Vorort (Verwaltungssitz) des Zabergäus, in dem noch 1345 ein Landgericht tagte. Zu noch früherer Zeit kreuzten sich hier sechs Römerstraßen; die Kirche steht auf dem Boden einer römischen Villa, in deren Umgebung zwei Denksteine gefunden wurden, der eine mit einer Inschrift zu Ehren des römischen Kaisers Caracalla und seines Sieges über die Germanen.

Bei aller Pflege des Geschichtsbewußtseins: Um die alte Linde ist es nicht mehr zum besten bestellt. Die Zunahme ihres Stammumfangs (von 8,35 Metern im Jahr 1910 auf heute 9,00 Meter) rührt wohl überwiegend vom Aufklaffen des trotz seiner Stützen schwerlastenden, seitwärts streichenden Astes her. Noch bis vor wenigen Jahren turnte die Dorfjugend in der Krone, noch nach dem Zweiten Weltkrieg durfte alljährlich einmal, zur Lindenblüte, die Bürgerschaft anrücken: Zu früher Morgenstunde und unter Aufsicht des Feldschützen, kletternd im Geäst und auf Leitern stehend, erntete man Körbe voller Blüten. Ein neuer Lattenzaun schützt nun den Baum vor Kletterern und Kletterer vor dem Baum.

97

*Des Landes
dickster Baum*

Des Landes dickster Baum ist die Sommerlinde von Hohenbodman, einem turm-bewehrten Dorf des Bodensee-Hinterlandes – nicht zu verwechseln mit Bodman am See. Wer vor diesem Baum nicht ins Staunen gerät, dem ist hierzulande nicht mehr zu helfen: Sein Stammumfang beträgt nicht weniger als 10 – man muß es buchstabieren: zehn – Meter! Sieht man von den 60 Zentimetern ab, die der Stamm nochmals an Stärke zulegte und die ihn an die 10-Meter-Traumgrenze heranbrachten, hat sich an, in und um den Baum augenscheinlich wenig verändert in den verflossenen 70 Jahren, seit ihn Ludwig Klein beschrieben und fotografiert hat: Nur die hölzernen Heu-Leiterwagen, die am 23. September 1904 um den Baum herum abgestellt waren, sind verschwunden; desgleichen der Rasen, der ihn umgab, bevor man neuerdings ein ummauertes Rondell anlegte, das die Linde vor allzu eiligen Kraftfahrzeuglenkern schützen und der am Stamm befestigten Ehrentafel der Gefallenen den würdigen Rahmen verleihen soll. Frisch verarztet durch den Baumchirurgen ist das hohle Innere, das schon den ordentlichen Professor der Botanik Ludwig Klein außerordentlich beeindruckte:

»Die solide Schale des Stammes (Holz und Rinde) ist durchschnittlich nicht dicker als 25 Zentimeter. Die erforderliche Standfestigkeit, mit welcher der freistehende, seit Jahrhunderten hohle Baum so vielen und gewiß wiederholt auch außergewöhnlichen Stürmen aufs erfolgreichste getrotzt hat, verdankt der Stamm wohl dem Umstand, daß in die Stammhöhle mächtige Luftwurzeln hereinwachsen, eine bei alten, hohlen Linden gar nicht seltene Erscheinung. An den Überwallungsrändern ehemaliger Stammrisse und anderer »durchgreifender« Verletzungen des hohlen Stammes, wie solche hier mehrfach zu sehen sind, bilden sich Adventivwurzeln, die durch den mit Mulm erfüllten Hohlraum allmählich in den Boden wachsen, mit der Zeit mehr und mehr erstarken und schließlich teilweise miteinander sowie mit dem Stamm selbst verwachsen. Die stärkste dieser Luftwurzeln hat über einen Meter Durchmesser, eine zweite etwa 40 Zentimeter! – «

Lindenurwald am Hohenkrähen

Zu Füßen der einst als uneinnehmbar geltenden Raubritterburg, in den steilen Schutthalden aus scharfkantigem, klingendem Phonolithgestein des tertiärzeitlichen Vulkans stockt ein Berglindenwald von einzigartigem Wuchs. Poppele vom Hohenkrähen, der volkstümliche Geist und Burgvogt mit der klappernd dürren, buckligen Gestalt, scheint sich bisweilen in einen der gnomenhaft gekrümmten, sterbenden und doch immer wieder neu austreibenden, uralten Lindenstrünke zu verwandeln; es sei denn, er treibe eben seine Schelmenscherze mit den Reisenden – neuerdings auf der am Bergfuß endenden Autobahn.

Silberweiden an der Mündung der Stockacher Aach in den Überlinger See

Korbweiden am Altrhein

Die Korbflechterei, eine der ältesten Fertigkeiten der Menschheit, war in den rheinnahen Dörfern bis nach dem Zweiten Weltkrieg ein wichtiger Erwerbszweig, die Korbmacher belieferten ein weites Hinterland. Ihr Rohmaterial, die biegsamen Weidenschößlinge, bezogen sie vorwiegend aus der Weidenaue, jener Verlandungszone des Stromes, wo andere Nutzungsarten durch die fortwährenden Überflutungen, durch Anschwemmung und Abtragung des hin und her mäandrierenden Rheins nicht mehr möglich waren. Kopfholzbetrieb nannte man diese Form der Waldwirtschaft. Die alten Strünke, denen weder Überflutung noch reißende Hochwässer allzu viel anhaben konnten, sind wahre Wunder an Vitalität, denn so oft man die ausgetriebenen Ruten schnitt, in kurzer Zeit waren sie wieder nachgewachsen. Und was die Korbflechter einmal übersahen, das holten sich die Holzschuhschnitzer, sobald die erforderliche Dimension erreicht war.

Aus Flechtwerk bestanden großteils auch die Flußverbauungen, die Faschinen, mit denen man den Strom zum Nutzen der Lastkähne am freien Hinundherpendeln zu hindern versuchte, bis schließlich der geniale Tulla in den siebziger Jahren des vorigen Jahrhunderts sein gigantisches Werk der Rheinkorrektur beendet hatte.

Die Korbflechterei ist inzwischen nahezu ausgestorben, und am Verschwinden sind auch die Korbweiden, auseinandergebrochen unter der Last der nun ungehindert weiterwachsenden und nicht mehr geschnittenen Schößlinge oder versunken in dem durch Wehre aufgestauten Rhein.

Korbweiden bei Illingen am Altrhein, südlich Karlsruhe

104

Pyramidenpappeln

Napoleon Bonaparte ließ sie an seinen Heerstraßen pflanzen, denn als Markierungszeichen sind sie unter den Bäumen Europas unverwechselbar. Das »Großherzoglich Badische Rheingränzberichtigungsbureau in Carlsruhe« folgte seinem Beispiel; im Zuge der sogenannten »Transversalen« sicherte es mit Hilfe der spitzkronigen Bäume die Grenzmarken zwischen den badischen und elsässischen Gemeinden, ehe die Tulla'sche Rheinkorrektur dann einen unzweideutigen Grenzstrich zog.

Seither hat es die Pyramidenpappel zu beachtlicher Volkstümlichkeit gebracht, und niemand sieht in ihr noch die Ausländerin, die im 18. Jahrhundert aus dem Orient über Italien nach Deutschland gelangte. Vermehrt wurde sie dabei ausschließlich durch Stecklinge.

Kein Zweifel, der Baum setzt Akzente, als lotrechte Ausrufezeichen reizvoll kontrastierend mit Flußläufen und Seeflächen. Die Pappeln auf dem Damm zur Insel Reichenau gehörten zu den Wahrzeichen der Bodenseelandschaft, bis sie vor einigen Jahren, vom Pappelrindenbrand dezimiert, gefällt werden mußten. Anfällig gegen Frost und allerlei Pilzkrankheiten, als Windschutz wie als Nutzholz gleichermaßen ungeeignet, sind sie den Pappelanbauern mit ihren vollkronigen Wirtschaftspappeln ein Dorn im Auge; auf den Pyramidenpappeln pflegen sich Krankheitsherde zu bilden, von wo aus die Pappeln der weiten Umgebung bedroht werden.

Pappelriese am Illinger Altrhein

Vergeblich hätte der Großherzoglich badische Geheime Hofrat und Botanik-professor Dr. Ludwig Klein bei seiner Suche nach bemerkenswerten Bäumen in den Rheinauewäldern nach diesem Riesen Ausschau gehalten, der in Brust-höhe einen Umfang von 5 Metern, eine Höhe von 46 Metern und eine Masse von reichlich 40 Festmetern aufweist. So sehr wir uns sonst bei Bäumen dieser Größenordnung darauf verlassen können, daß sie dem Spürsinn des Professors damals schon nicht entgangen sind: Vor siebzig Jahren wurde dieser hier gerade eben gepflanzt!

Pappeln sind – auf den ihnen zusagenden, gutdurchlüfteten, frischen und nährstoffreichen Standorten – die absoluten Rekordhalter, was Massen-leistung anbetrifft; darum und weil sie so rasch wie kaum ein anderes Holz-gewächs mannbar und blühfähig werden, sind sie die verhätschelten Lieblings-kinder der forstlichen Pflanzenzüchter, die mit immer neuen Hybriden (Kreu-zungen) und Klonen (Abkömmlinge eines Individuums durch vegetative Ver-mehrung) den Praktiker in Atem halten.

Trotz seiner geradezu atemberaubenden Wuchsleistung wird der gewaltige Baum von Pappelkennern bereits den »Altsorten« zugerechnet, Kreuzungen aus den hier natürlich vorkommenden und amerikanischen Schwarzpappeln. Noch weitaus wüchsiger, geradschäftiger und widerstandsfähiger gegen Krankheit (z.B. Pappelrindentod, Dothichiza populnea – eine Pilzkrankheit) oder Schadinsekten (z.B. Pappelbock) verspricht die neue Pappelgeneration zu werden, Sorten mit so kauderwelschen Namen wie Androscoggin, Trichocarpa, Maximowiczii, Rochester oder Szechuanica, das sind amerikanische und ost-asiatische Balsampappeln und deren Hybriden, wie sie heute in Wald und Flur Verwendung finden.

Schlafende Augen

108

Am Altwasser, an den durch Tullas Rheinkorrektur
gekappten Mäanderschlingen, versteckt in Überresten einer lianenverhangenen, schier exotischen
Urwaldlandschaft, finden wir an manchen Stämmen
der hier beheimateten Schwarzpappel – der Belde,
wie sie von den Fischern genannt wird, (nord-
badisch: Belle) – merkwürdige kropfartige,
geschwulstige Verdickungen, deren Ursache und
Herkunft noch unerforscht sind: Maserkröpfe.
Noch in den Nachkriegsjahren waren gemaserte
Furniere, gemessert aus dem kropfigen Stamm-
stück der Pappel, fast unbezahlbar; doch Mode ist
kurzlebig, und so fügt es sich, daß sie jahrelang
nicht mehr in dem Maße gefragt waren – ein
wahrer Segen für die übriggebliebenen Exemplare!
Maserkröpfe entstehen durch ein überschäu-
mendes, scheinbar chaotisches Austreiben »schla-
fender Augen«, wie sie unter der Stammrinde der
meisten Baumarten als sogenannte Adventivknos-
pen schlummern und etwa bei plötzlicher Freistel-
lung des Baumes zur »Wasserreiserbildung«
führen, zu zahllosen kleinen Ästchen, die – sehr zum
Ärger der Forstleute – die Stammholzerlöse schmä-
lern. Doch was verursacht hier solch wild-
wuchernde Knospensucht, wer weckt die schlafen-
den Augen? Sind es Viren, ist es eine dem Baum
innewohnende, ererbte Eigenschaft?
Von Fischern und Auewaldkennern wird vermutet,
daß die periodischen Überflutungen zu derlei
Wachstumsschüben führen. Sie haben beobachtet,
daß Maserpappeln meist zu mehreren beisammen
stehen, was den Schluß nahelegt, daß sie sich auf
ungeschlechtliche Weise durch Wurzelbrut
vermehren.
Maserwuchs tritt selten auch bei Ulmen, Linden
und Ahorn auf.

Maserpappel im Wyhler Rheinauewald

Aspen (Zitterpappeln) und Birken in einem Flurgehölz bei Alpersbach im Hochschwarzwald

*Esche am Ziegel-
brünnele bei Bod-
man am Über-
linger See.
Stammumfang
3,60 Meter,
Baumhöhe
42 Meter*

Weltenbaum Esche

Als Sinnbild für die Einheit der Welt und als vornehmster Wohnsitz ihrer Götter schien den nordischen Sängern kein Baum besser geeignet zu sein als die hochragende – im Norden nur selten vorkommende – Esche; ihr Stamm galt ihnen als himmeltragende Säule, ihr Wipfel wölbte sich weit über die Erde, ihre Wurzeln erstreckten sich durch dreierlei Welten bis hinab ins Reich der Toten: Yggdrasil, die Weltesche der germanischen Mythologie, Schutzbaum des Alls, Schicksalsbaum, von den Schatten des Todes umnebelt. In ihrer Krone horstet der Adler, an ihren Wurzeln nagt der Drache, Ziege und Hirsch äsen an ihren Knospen, und das Zwietracht stiftende Eichhorn huscht zwischen Adler und Drachen hin und her. Doch zwischen ihren Wurzeln sprudelt der Brunnen des Weisheit, aus dem die Nornen sie benetzen, denn stirbt die Esche ab, so vergeht die Welt.

Bei aller Verehrung: Ihr hartes und doch elastisches Holz zu nutzen, scheuten sich unsere Ahnen durchaus nicht; friedfertigste und kriegerischste Tätigkeiten ließen sich gleichermaßen mit dem aus Eschenholz gefertigten Gerät verrichten. Handwaffen wie Speere, Lanzen und die Stiele der Schlagwaffen wie auch den federnden Bogen schnitt man aus der Esche ebenso wie die Geräte für Ackerbau und Handwerk.

Seltsam gespalten ist auch der natürliche Lebensraum der Esche: Zum einen liebt sie die nährstoffreichen Dobel, Rinnen und Hangfüße der Gebirge, doch ist sie auch ein Baum der Flußniederungen und Stromauen. Als »Kalkesche« stockt sie gar auf trockenstem, sonnseitigem Kalkgestein, wo ihr feinverzweigtes Wurzelwerk auf der Suche nach Wasser und Nährstoffen selbst in engste Ritzen und Spalten einzudringen im Stande ist.

Gutgewachsene, starke Alteschen sind – zumal in Siedlungsnähe – eine Rarität, denn Tischler und Wagner benötigen kerngesundes Holz, was für den nutzholztauglichen Baum meist sein vorzeitiges Ende bedeutet. Die Eschenbretter der Skiläufer haben zwar längst ausgedient, doch nach wie vor findet das Holz ob seiner Elastizität vor allem bei der Herstellung von Sportgeräten Verwendung.

Die Esche vom Hierahof bei Saig

Hofeschen sind nicht umsonst des Bauern ganzer Stolz: Sie schmücken und schützen seinen Hof, von der Wagendeichsel bis zum Gabelstiel liefern sie ihm allerlei unentbehrliches Gerät, und in schlechten Jahren fand ihr Laub einst als Stallstreu Verwendung; verfüttert man es aber den Milchkühen, verfärbt sich die Butter dottergelb und die Milch gibt mehr Rahm. Schließlich läßt sich auch die Kunst, der mächtige Reiswellenofen der Schwarzwaldhöfe, mit Eschenholz beheizen.

Die unstreitig schönste und gewaltigste Esche im Land steht beim Hierahof südöstlich von Saig. Schon der Großherzoglich badische Geheime Hofrat Ludwig Klein verlieh ihr 1907 dieses Prädikat: Er schätzte ihr Alter auf 250-300 Jahre und maß ihren Stammumfang (in Brusthöhe) mit 4,38 Metern. Mittlerweile hat sie noch einmal erstaunlich zugelegt an Beleibtheit und Stattlichkeit: Nun mißt sie 6,40 Meter, was einen Durchmesserzuwachs von 64 Zentimetern ergibt!

Die Krone des Baumes ist voll und gesund. Doch während die Altbäuerin ein wenig gedankenverloren an der dem Hof zugewandten Seite des Stammanlaufs mit der Heugabel tief in Hohlräumen und morschem Holz stochert, erzählt sie uns von einer denkwürdigen Begebenheit, die für den Baum Folgen haben sollte: Am Vorabend ihrer Hochzeit vor nun schon fünfzig Jahren hat der Nachbarssohn – Gott hab ihn selig – hier eine Sprengladung entzündet. War's Scherz, war's Kummer: der Anfang vom Ende des stolzen Baumes war vorgezeichnet.

Esche an der Moggerenmühle

Am Beginn der Wutachflühen, dem unteren, weniger bekannten Teilstück jener Schlucht, deren Name in die Geschichte baden-württembergischer Bürgerinitiativen eingegangen ist, erwartet uns nicht ein Baum-Superlativ, statt dessen ein Bild von seltener Symboltracht:

Die Natur, an deren Bedrohung und Bändigung wir uns allzu oft schon gewöhnen mußten, blieb hier auf höchst augenfällige Weise Sieger; erst riß ein Hochwasser im Jahr 1898 die Mühle hinweg, dann eroberte sich der Wald sein angestammtes Territorium im Handstreich zurück. Das Zerstörungswerk wird wohl fortgesetzt, der Mühlstein von der Esche gespalten werden. Verdutzt halten wir inne — und drängen rasch ein wenig zivilisationsfreundliches Gefühl der Schadenfreude in uns zurück. Die Angst vor den Naturgewalten, die unsere Altvorderen bei solchem Anblick beschlichen hätte, scheint anderen Ängsten gewichen zu sein.

*Einst freistehende, jetzt von einer Fichten-Auf-
forstung bedrängte Bergulme auf dem Büchel-
berger Grat bei Abtsgmünd im Kochertal*

Die Ulme zu Hirsau

Uhlands Ulme steht noch; eigentlich sind es sogar zwei Bäume, die – genaugenommen – nicht in Klostermauern, sondern in den Ruinen des herzoglichen Jagdschlosses grünen, das Herzog Ludwig an der Südseite des Klosters erbauen ließ. Der dichterischen Freiheit darf man die kleine Ungenauigkeit zugestehen!

Am 20. September 1692 brannte Mélac, der Zerstörer Heidelbergs, mit seinen Scharen auch Schloß und Kloster in Hirsau nieder. Frühestens im Jahr nach der Zerstörung kann also der Ulmensame gekeimt haben. Um 270 Jahre wird die mächtigere der beiden Ulmen also alt sein; sie erreicht eine Höhe von etwa 35 Metern und mißt fünf Meter an Umfang! Da sie inwendig hohl ist, haben Baumchirurgen sich ihrer angenommen.

Wenn wir uns dennoch um Uhlands Ulme sorgen, so einmal nicht, weil Frevel und mangelnde Pflege zu befürchten wären, sondern wegen einer tückischen Pilzkrankheit: Das »Ulmensterben« ist über den ganzen Kontinent verbreitet und befällt alle drei heimischen Ulmenarten. Die wertvollste unter ihnen, die Feldulme, hat sie schon nahezu ausgerottet. Uhlands Ulme ist eine Bergulme. Hoffen wir, daß der Überträger der Krankheit, der winzige Ulmensplintkäfer, sich durch das Geviert der Mauern auch weiterhin davon abhalten läßt, unseren Baum zur Eiablage anzubohren.

Die Ulme zu Hirsau

Zu Hirsau in den Trümmern
Da wiegt ein Ulmenbaum
Frischgrünend seine Krone
Hoch überm Giebelsaum.

Er wurzelt tief im Grunde
Vom alten Klosterbau,
Er wölbt sich statt des Daches
Hinaus in Himmelsblau.

Weil des Gemäuers Enge
Ihm Luft und Sonne nahm,
So trieb's ihn hoch und höher
Bis er zum Lichte kam.

Es ragen die vier Wände,
als ob sie nur bestimmt,
den kühnen Wuchs zu schirmen,
Der zu den Wolken klimmt.

Wenn dort im grünen Tale
ich einsam mich erging,
Die Ulme war's die hehre,
Woran mein Sinnen hing.

Wenn in dem dumpfen stummen
Getrümmer ich gelauscht,
Da hat ihr reger Wipfel
Im Windesflug gerauscht.

Ich sah ihn oft erglühen
Im ersten Morgenstrahl,
Ich sah ihn noch erleuchtet,
Wann schattig rings das Tal.

Zu Wittenberg im Kloster
Wuchs auch ein solcher Strauß
Und brach mit Riesenästen
Zum Klausendach hinaus.

Oh Strahl des Licht's, du dringest
Hinab in jede Gruft;
Oh Geist der Welt, du ringest
Hinauf in Licht und Luft.

Ludwig Uhland (1829)

119

Brettwurzler

Von Bildern aus tropischem Regenwald sind uns die seltsamen Gebilde am ehesten noch geläufig. Doch auch in mitteleuropäischen Stromniederungen stolpern allzu hastige Waldläufer gelegentlich über solch heimtückisches Gewächs, über brettartige, unproportionierte Ausleger ansonsten ziemlich unscheinbarer Bäume, der Iffen oder Flatterulmen.

Da ihr Holz – im Gegensatz zu dem ihrer Verwandten, der Feldulme und der Bergulme (Rüster) – wegen der ausgeprägten Knospensucht ihrer Stämme nur wenig geschätzt wird, da sie außerdem wie ihre Verwandten vom Ulmensterben bedroht sind, und da ihre üppige Wurzelbrut in den Kulturen bisweilen als lästige Konkurrenz galt, gehören Iffen mittlerweile zu den Raritäten der Auewälder. Sie verdienen Schonung allein schon ihrer Absonderlichkeit wegen, aber auch als Bienenfutterbaum, dessen schon im März vorhandene Blütenpollen den Bienen beim Wiederaufbau ihrer überwinterten Völker als Nahrungsgrundlage dienen.

Iffe (Flatterulme) im Johanniterwald bei Kenzingen in der Rheinebene

Stelzenwurzler

Zwischen Bad Waldsee und Bad Schussenried, in der mit Seen und Feuchtgebieten gesegneten oberschwäbischen Moränenlandschaft, liegt unweit des Dorfes Enzisweiler das Allgaier Riedle. Der federnde Boden eines in weiter Talmulde entstandenen Flachmoores trägt einen Bannwald; er ist zwar nur drei Hektar groß, doch schreckhafte Besucher, die ihn betreten wollen, seien vorgewarnt: In dem Verhau zusammenbrechender Fichten kauern, wie hingeduckt zum Sprung, tarantelbeinige Ungeheuer.

Der Kaltblütige, der spärlicher mit Fantasie Ausgestattete, wird die bemoosten Monster natürlich sogleich identifiziert haben: Die Vielfüßler sind Wurzelwerk, lufthungrige Stelzenwurzeln der Roterlen. Als der Entwässerung des Rieds durch den »Krebsgraben« einmal künstlich nachgeholfen wurde, war der Moorboden in sich zusammen-

gesunken und hatte vormals unterirdische Wurzeln bloßgelegt. Mangelnde Durchlüftung des Bodens veranlaßt die anpassungsfähigen Bäume aber auch, Stelzen zu bilden.

Der Erlenbruch, die Waldgesellschaft der nährstoffreichen – daher meist landwirtschaftlich genutzten – Flachmoore, hat hierzulande Seltenheitswert. Doch wir begegnen der Erle auch in den Flußniederungen, in den Stromauewäldern und an noch unverbauten Bach- und Flußläufen, wo sie mit ihrem Wurzelwerk besten Uferschutz bietet. Die Roterle, die auch Schwarzerle heißt, liefert tief gelbrotes Holz – im Gegensatz zur unscheinbaren Weißerle, die auch Grauerle, und zur strauchförmigen

Grünerle, die auch Bergerle heißt. Das Holz der Roterle also ist außerordentlich gesucht, nicht zuletzt wegen seiner fast unbegrenzten Haltbarkeit unter Wasser. Diese Eigenschaft wußten bereits die jungsteinzeitlichen Bewohner der Pfahlbauten zu schätzen; die Tragpfähle, die sie vor 4000 Jahren in die sumpfigen Uferstreifen des Bodensees gerammt haben, bestanden vorwiegend aus Erlenholz. Die Archäologen haben sie in vergleichsweise guterhaltenem Zustand aus dem zwischenzeitlich angestiegenen See ausgegraben. Wer weiß, vielleicht haben die Pfahlbauer ihre eigenwilligen Konstruktionen den Bäumen abgeschaut, die Exoten von den Mangroven, unsere Ahnen von den Erlen!

Vorhergehende Seite:
Blühender Spitzahorn,
Alleebaum bei
St. Märgen
im Hochschwarzwald

Der Bergahorn vom Grundbauernhof

Einen stärkeren Bergahorn hatte es im ganzen groß-deutschen Kaiserreich der Jahrhundertwende nicht gegeben, hatte er doch damals schon den für diese Baumart einzigartigen Umfang von 6,20 Metern, gemessen an der schlanksten Stelle des Stammes in Brusthöhe! Für Ludwig Klein, den Sammler und Beschreiber bemerkenswerter Bäume im Groß-herzogtum Baden, war er nicht nur der mit Abstand mächtigste, sondern auch der schönste Bergahorn im Lande (der zweitschönste stand bei Lenzkirch, hatte 5 Meter Umfang und wurde als Baumruine im Jahr 1975 vom Sturm geworfen), denn er besaß eine prachtvoll gegliederte, weitausladende Krone von 25 Metern Durchmesser. Heute mißt er – ein wahrer Turm von einem Baum – an Umfang nahezu sieben Meter!

Seine und des Grundbauernhofs Geschichte sind auf das engste miteinander verbunden: Es ist sehr wahrscheinlich, daß der junge Baum bereits stand (oder gepflanzt wurde), als das rauhe Hochtal, ein Seitendobel des Rohrbachtals bei Furtwangen, erst-mals besiedelt wurde. Das erste Höflein, das vermutlich um das Jahr 1500 erbaut wurde und neben dem der Ahorn erwuchs, brannte jüngst erst, im Winter 1975, bis auf die Grundmauern ab, nach-dem es jahrhundertelang als Leibgeding gedient hatte. Die Brandhitze versengte die Krone und hinterließ ein paar dürre Äste sowie aufgeplatzte Rinde. Schon einmal, im Jahr 1891, hatte die Krone unter einer Feuersbrunst gelitten, die den zweiten, größeren und etwa 200jährigen Hof in Schutt und Asche legte, der auf der gegenüberliegenden Seite des Baumes errichtet worden war, wo nun auch der heutige Hof steht. Über die Auswirkung jenes Schadenfeuers berichtet Klein: »Im Jahre nach dem Brand hat der Baum kaum ausgetrieben, und das nur sehr spät; im zweiten Jahr hat er sich wieder erholt«.

Im Jahr 1967 schließlich hat der Schnee ein Unge-tüm von einem Ast aus der Krone gebrochen, der dem Bauern über vier Ster Brennholz einbrachte und dem Holzschleifer beim Versuch, ihn beiseite zu ziehen, den Traktor umwarf.

Der Schönste ist er nun nicht mehr: Der Stamm ist vom Fäuleschwamm überzogen, der über die klaf-fenden Wunden ins Holz eindrang, die Krone ist nahezu halbiert. Moospolster und Gras über-wuchern die Äste, einer Gabel hoch oben entwächst gar ein junger Vogelbeerbaum, und in den Höhlen nistet der Kauz. Dem alten Grundbauer sind die Alterungszeichen an seinem Baum nicht ent-gangen - er nimmt sie gelassen hin wie auch die eigenen.

Ein inniges Verhältnis

Auf den ersten Blick traut man seinen Augen nicht mehr so recht: Ein Baumgebilde wie dies findet sich selbst in fantasiereichsten Kinderzeichnungen nicht wieder – kugeliger Laubbaumbauch in der Mitte, oben und unten jedoch mit Nadelbaumextremitäten. Ein Bergahorn inmitten einer tiefbeasteten, mehrwipfligen Weidfichte. Die wunderliche Paarung entdecken wir in einem Seitentälchen der Breg zwischen Vöhren- und Schönenbach. Wer sie aufsuchen möchte, der frage die Einheimischen (auf Schwarzwälderisch) nach dem »Bachemoggeloch«; er beeile sich, denn das Ausflugsziel wird in Kürze hinter einer heranwachsenen Fichtendickung den Blicken entschwunden sein.

Ursprung und Werdegang der beiden ungleichen Partner sind nicht verbürgt, und so können wir darüber nur Mutmaßungen anstellen. Zweckehe oder erbarmungslose Konkurrenz, Vorteile für beide oder lebenslängliches Ringen um die Vorherrschaft, um Wasser, Licht und Wärme?

Am Anfang war wohl der Ahorn. Kein Baum, eher ein vom Rindvieh verbissener Busch, vielleicht ein Ausschlag aus einem alten Wurzelstock. Mitten hinein flog eines Sommers ein Fichtensame vom nahen Wald, keimte und wuchs heran, aufs Beste geschützt vor den Mäulern des Viehs. Was das Laub des Ahorns der jungen Fichte an Licht und Wärme abschirmte, das glich es in verwelktem und vermoderten Zustand wieder aus durch verbesserten Humuszustand und ein gesteigertes Nährstoffangebot.

Von außen schier unbemerkt, schwindelte sich der Eindringling im Innern des Ahornbuschs nach oben.

Eine Weile lang wird man sich gegenseitig wundgescheuert haben, was die Fichte zur Bildung zusätzlicher Gipfeltriebe veranlaßte, nachdem die Terminalknospe einmal aufgerieben war. Doch dann durchbrach der Nadelbaum das Blätterdach, und nun war das Um-die-Wette-Wachsen endgültig zugunsten der Fichte entschieden: nur höhere Gewalt, ein Wipfelbruch unter der Last außergewöhnlicher Naßschneemengen, hätte die Konkurrenz noch einmal offen zu gestalten vermögen. Indessen scheinen sich die beiden nun aufs Alter hin miteinander arrangiert zu haben, und wir möchten ihnen noch einen langen gemeinsamen Lebensabend prophezeien. – Es sei denn, der Grundstücksbesitzer sollte plötzlich noch ein weiteres Stück Weide aufforsten wollen. Dann freilich wäre es um das Paar geschehen; als sperrige Störenfriede hätten sie der gleichwüchsigen Fichtenkultur zu weichen. Wir hätten Grund, über den vorzeitigen Abgang zweier Originale zu trauern. Der Platz für Originale wird enger, in der Landschaft wie in der Gesellschaft.

Maßholder

Unter den drei heimischen Brüdern aus der Familie
der Ahorne, neben Berg- und Spitzahorn, ist er am
zierlichsten geraten; meist führt der »liebliche
Maßholder« (oder Feldahorn) ein recht unschein-
bares Dasein als Strauch, liebt sonnseitige Ränder
der Eichen-Hainbuchen-Wälder des Hügellands,
dornenreiche Hecken der Schafweiden und die lichten Feldgehölze der Rebberge, soweit sie nicht
Opfer von Umlegungen geworden sind.
Hier und da rafft sich der Strauch jedoch auf, so ihm
seine Umwelt einmal besonders hold ist, und wird
zum Baum; kein Baum erster Ordnung zwar, doch
vieltriebig und anmutig. Sein mattglänzendes, röt-
lich-weißes Holz zeigt häufig eine auffallend schöne
Maserung und ist daher bei Drechslern und Schrei-
nern sehr gesucht. Nicht die Maserung soll übrigens
bei der Namensgebung Pate gestanden haben; in
Maßholder stecke vielmehr das altsächsische Wort
mat = Speise. Vorzeiten habe man sein Laub
gesammelt und, nachdem es einer Art Sauerkraut-
gärung unterworfen worden war, gekocht und ver-
speist, so wissen es die Sprachforscher. Gönnen
wir den kleinen, frühblühenden Baum doch lieber
den Bienen!

Maßholder (Feldahorn) im Dreisamtal bei Freiburg

Die große Platane
im Exotischen Garten von Hohenheim

Einer Laune des durch seine Prunk- und Großmannssucht berüchtigten Herzogs Karl Eugen, des »Bauernfängers«, aus dessen Diensten einst der junge Friedrich Schiller Reißaus nahm, verdanken wir »vielleicht die stärkste, sicher aber eine der schönsten Platanen Deutschlands« (Schwäbisches Baumbuch), einen zweistämmigen Baum mit einem Umfang von 6,70 Metern und einer Höhe von über 30 Metern.

Für seine ausschweifenden Gelage hatte sich der Herzog eines Tages eine besonders ausgefallene Kulisse ausgedacht, einen Park, »der bald als geradezu einzigartige Schöpfung einen Weltruf genoß« (Schwäbisches Baumbuch). Eine Kolonie wollte er vortäuschen, die sich aus den Ruinen einer römischen Stadt erhob. Und so ließ er nach gewaltigen Erdbewegungen auf 16 Hektar Parkfläche 60 Miniaturgebäude – vom Rathaus über die gotische Kapelle bis hin zur Köhlerhütte – errichten, zwischen die er künstlich geschaffene römische Tempelreste, Säulen und Grabmäler streute. Disneyland wäre unvollständig geblieben, hätten nicht auch noch Seen, Grotten, Wasserfälle und gärtnerische Anlagen, Gebüsch- und Baumpflanzungen die wunderliche Szenerie belebt; die Bäume, so will es das Schwäbische Baumbuch wissen, soll der Herzog »vielfach eigenhändig gepflanzt« haben.

Nach ihres Schöpfers Tod (1793) war es mit der kostspieligen Pracht bald zu Ende. König Wilhelm, der 1818 das landwirtschaftliche Institut gründete (wo bis 1881 auch die Forstwissenschaft gelehrt wurde), gestaltete den Märchengarten um in die »exotische Baumschule«, die der Anzucht der Bäume und Sträucher für den Bedarf der königlichen Gärten, aber auch als Anschauungsunterricht für das Institut diente.

Indes machen die Denkmäler versunkener Pracht, an deren trauernde Wände der Pflanzer seine friedliche Hütte lehnt, eine ganz eigene Wirkung auf das Herz, und mit geheimer Freude sehen wir uns in diesen zerfallenden Ruinen an der Kunst gerächt, die in dem Prachtgebäude nebenan ihre Gewalt über uns bis zum Mißbrauch getrieben hatte. Aber die Natur, die wir in dieser englischen Anlage finden, ist diejenige nicht mehr, von der wir ausgegangen waren. (Friedrich Schiller über den Park von Hohenheim, Rezension des »Gartenkalender auf das Jahr 1795«, erschienen bei Cotta in Tübingen)

Birkenzeit

Die Moore Oberschwabens sind Fundgruben für die Archäologen; ihnen vor allem verdanken wir unsere Kenntnisse über die Art und die Lebensweise der in dieser von den Alpengletschern nur zögernd freigegebenen Landschaft siedelnden Menschen. Über Jahrtausende konservierte das Moor die Lagerplätze und Gerätschaften der steinzeitlichen Jäger und Sammler, Einbäume, die ersten hölzernen Wagenräder der Bronzezeit, erstes Ackerbaugerät, Schmuck, Keramik und Waffen…

Im Luftabschluß der Moorablagerungen haben sich aber auch pflanzliche Reste erhalten. Die Vegetationskundler entnehmen dem Moor aus unterschiedlicher Tiefe Proben, kochen sie mit verdünnter Säure und betrachten unter dem Mikroskop den solchermaßen sichtbar gemachten Blütenstaub, der zu allen Zeiten über die Moore verweht wurde. Die Pollen erwiesen sich nicht nur als besonders beständig, sie lassen sich auch zuverlässig den jeweiligen Pflanzenarten zuordnen. Zeichnet man die Mengenanteile der Pollen verschiedener Baumarten aus unterschiedlicher Bohrtiefe in einem Diagramm auf, so ergibt sich ein erstaunlich klares Bild von der Vegetation und damit auch vom jeweils herrschenden Klima seit dem Ausklingen der letzten Eiszeit.

Zufolge der Pollenanalyse bestand der Wald nach Eis- und Tundrenzeit zunächst aus Birken mit beigemischter Kiefer: die »frühpostglaziale Birken-(Kiefern)-Zeit« dauerte von 8000-6800 v.Chr.; ihr folgten die Hasel- und Eichenmischwaldzeit. Auf den Mooren rund um den verlandenden Federsee scheint die Birkenzeit stehengeblieben zu sein. Zwar ist die arktische Zwergbirke (Betula nana), deren Pollen im Moor nachgewiesen wurde, mittlerweile verschwunden, doch von den vier einst hier vorkommenden Birkenarten finden sich noch immer deren drei: die Gemeine Birke (B. pendula), die noch anspruchslosere Moor- oder Haarbirke (B. pubescens) und die nordische Strauchbirke (B. humilis). Im Birkenwald des Federsee-Rieds trillert bisweilen noch der Birkenzeisig, hier balzten - bis zum Jahre 1975 – die letzten Birkhühner des Landes.

Heitere Vorboten

Auf der Skala von Charaktereigenschaften, die wir –
vermenschlichend – den Bäumen zusprechen,
läßt sich gewiß die Birke am leichtesten einordnen:
freundlich, licht, heiter, so empfinden wir sie, als
Baum der Jugend, des Frühlingserwachens und der
Sinnlichkeit, Baum der Sentimentalen und der
Liebenden. Nordlandfahrer geraten bei der Erinnerung an weiße Stämmchen und helles Birkengrün
ebenso ins Schwärmen wie hartgeprüfte Rußland-
veteranen.

Die Birke ausschließlich aus dem engen Gesichts-
winkel von Nützlichkeit und Wirtschaftlichkeit zu
betrachten, das läßt auf ein gerüttelt Maß von
Gefühlsroheit schließen. Und doch haben wir es
geschafft, sie, deren weitfliegender, allgegen-
wärtiger Samen binnen weniger Jahre die Welt-
kriegs-Trümmerlandschaft begrünen half, auf Öd-
und Unlandsflächen zurückzudrängen.

Es ist wahr, als Wirtschaftsbaumart kann es die
Birke mit ihren Konkurrentinnen heute nicht mehr
aufnehmen, so sehr ihr Holz von den Liebhabern
offenen Kaminfeuers und ihre Holzfaser im Norden
von den Zellstoffherstellern geschätzt werden.
Dabei ist es noch kein Menschenalter her, seit sie
das Gesicht der Landschaft noch in weiten Landesteilen prägte. Die Birke war nicht nur der Baum der
Weidberge, ohne sie wäre eine weitverbreitete
Bodennutzungsart im Schwarzwald gar nicht erst
denkbar gewesen: die Reutwirtschaft, das »Rütti-
brennen« der Schwarzwälder Bauern. In kurzen
Zeitabständen wurden dabei die in ihrer Jugend so
raschwüchsigen Birken auf den Stock gesetzt, die
Hänge danach angezündet und sodann als Acker-

land zwischengenutzt, ehe der Baum sich wieder
ansamte oder aus den halbverkohlten Wurzel-
stöcken wieder ausschlug. Überließ man einmal ein
Reutfeld über einige Jahre sich selbst, so fanden
sich im Schutz der Birken stets bald auch die Nadelhölzer ein, und manch leistungsfähiger Tannen-
mischwald verdankt heute seine Existenz solcher
Vorgeschichte.

Birken sind Pioniere, Vorboten und Wegweiser der
natürlichen Wiederbewaldung, Anfangsglieder in
der natürlichen Sukzession. Auch wenn im
Schwarzwald die Reutfelder nicht mehr rauchen,
auch wenn Besenbinder und Bürstenmacher sich
ihrer längst nicht mehr bedienen und Fronleich-
namsaltäre sich notfalls auch mit anderweitigem
Grün verzieren lassen: an der Daseinsberechtigung
der Birke sollten wir keinen Zweifel aufkommen
lassen.

Stechpalme

Als struppige Unterschicht begleitet sie im
»atlantisch getönten« Klima der unteren und mittleren Lagen des Westschwarzwalds die buchen-
reichen Mischbestände. Zusammen mit borstigem
Besenginster überzieht sie bisweilen auch halb-
verwilderte Weidfelder, denn gegen Verbiß durch
das Weidevieh schützt sich die Stechpalme auf
doppelte Weise: Ihre immergrünen Blätter sind
schon wegen ihrer ledrigen Beschaffenheit nur
schwerverdaulich; darüber hinaus sind sie – bos-
hafterweise nur eben in Reichweite der Mäuler –
dornig gezähnt, während die Blätter der oberen
Zweige glatte Ränder aufweisen.
Würde die Stechpalme bei uns in kalten Wintern
nicht immer wieder einmal zurückfrieren, so
schaffte der Busch häufiger Baumgestalt. Kleine
Bäumchen finden wir zuweilen in Hofnähe. Die
beerenähnlichen, korallenroten Steinfrüchte sollen
nicht nur den Hausgarten verzieren, sondern auch
den reichgeschmückten Palmen, den die Jugend
am Palmsonntag zur Kirche trägt.
Die Wurzeln dieses Brauchs reichen noch in heid-
nische Zeiten zurück, als Ostern, das Fest des
aufsteigenden Lichts und des aufgehenden Wachs-
tums, noch mit magischen Fruchtbarkeitsriten
gefeiert wurde. Seit dem 8./9. Jahrhundert ist die
Palmweihe auch im Christentum bezeugt. Wohlweislich hat die Kirche die heidnischen Osterzweige
nicht verboten, sondern in ihr christliches Brauch-
tum einbezogen, das der Erinnerung an den Einzug
Christi in Jerusalem gewidmet ist. Wenn schon
keine Palmwedel, so doch die Zweige der
heimischen Stechpalme!

Viele aber breiteten ihre Kleider auf
den Weg; etliche hieben Maien von
den Bäumen und streuten sie auf
den Weg. (Markus 11,8)

Buchs und Eibe – mediterrane Gesellschaft am Grenzacher Horn

In der äußersten Südwestecke unseres Landes dürfen sich wärmebedürftige (und vegetationskundige) Alemannen jahrein jahraus der schönen Illusion hingeben, in südlichen Urlaubsgefilden zu siedeln. Die lauen Luftmassen, die ungehindert aus dem Rhonetal durch die Burgundische Pforte heraufdringen können, behagen nicht nur den Bewohnern; bei Durchschnittstemperaturen, die selbst im Januar über dem Gefrierpunkt liegen, haben sich hier auch die nördlichsten Vorposten südeuropäischer Pflanzengesellschaften eingefunden. Schon ehe wir die sonnseitigen Muschelkalkhänge erreicht haben, schlägt uns süßlicher Geruch entgegen, gaukelt uns das Gedächtnis bereits Bilder von provençalischen Schluchtwäldern vor: der Buchs! Hier am Grenzacher Horn, auf einer Fläche von ca. 150 Hektar, hat er sein einziges deutsches Verbreitungsgebiet, sieht man von einem kleinen Vorkommen an der Mosel ab; ein üppig wucherndes, schier undurchdringliches Gestrüpp unter dem Schirm einer artenreichen Laubholzbestockung. Vergesellschaftet mit der wärmeliebenden Flaumeiche (Quercus pubescens) finden sich versteckt darin einzelne starke alte Eiben, deren Alter auf über 300 Jahre geschätzt wird, und als weitere Raritäten der Frühlingsahorn (Acer opalus), der Breitblättrige Mehlbeerbaum sowie der – seit einigen Jahren verschollene – Lorbeerseidelbast (Daphne laureola). Daß der Grenzacher Buchsbaum derzeit nur als Gesträuch zu bewundern ist, hat viele Gründe: Extreme Frostempfindlichkeit und Langsamwüchsigkeit kennzeichnen ihn; sein Holz ist, ähnlich dem der Eibe, außerordentlich zäh, schwer und dicht und wurde deshalb zur Herstellung von Holzblasinstrumenten, Pfeifenköpfen und Schatullen verwendet. Noch im Jahr 1872 gab es ihn in Bohnenstangen-Stärke; die Forststatistik dieses Jahres weist jedenfalls nach, daß »die Nutzung zu Bohnenstecken üblich« war. Bis in die dreißiger Jahre wurde das Buchsreisig von den Gärtnern zu Kränzen gewunden, und große Mengen wurden auch nach Basel exportiert, ja sogar Pariser Parfüm soll aus Grenzacher Buchs hergestellt worden sein. Und als im Jahre 1893 der deutsche Kaiser, im Jahr 1897 der Großherzog die Stadt Lörrach besuchten, waren Bahnhof, Festplatz und Häuser mit Buchs festlich garniert. 1939 wurden die Teile des Grenzacher Gemeindewaldes mit besonders üppigem Buchsvorkommen (94 Hektar) als Naturschutzgebiet ausgeschieden und unter den Schutz des Reichsnaturschutzgesetzes gestellt.

Trompetenbaum

Wie sehr sich auch die frommen Frauen des Zisterzienserinnenklosters Lichtental gegen die Einflüsse des nahen Weltbads Baden-Baden zu verwahren trachteten, gänzlich unbeeindruckt scheint das klösterliche Leben denn doch nicht geblieben zu sein. Den lebenden Beweis dafür, daß auch Klosterfrauen mitunter weltlicher Mode Tribut gezollt haben, liefern die beiden Trompeten-bäume im Klosterhof, Bäume, die ansonsten nur in weltlichen Kuranlagen gedeihen.

Catalpa bignioides heißt er bei den Botanikern und »Virginia-Zigarrenbaum« ist sein sehr viel profanerer Name, der sowohl auf seine überseeische Herkunft (Südosten der Vereinigten Staaten) wie auch auf seine eigenartige Frucht-schoten hinweist, die den Winter über im Geäst hängen bleiben. Im Juni erst, wenn alle anderen Bäume längst geblüht haben, erscheinen seine Blütenrispen mit den trompetenähnlichen, weißglockigen und purpurgefleckten Einzel-blüten, und seine fast schnupftuchgroßen, herzförmigen Blätter läßt er im Herbst unverfärbt und ohne Vorankündigung plötzlich fallen.

Hierzulande als Parkbaum wohlangesehen, gilt der Trompetenbaum in seiner Heimat als das meistverfluchte Baumgewächs: Geschäftstüchtige Catalpa-Apostel hatten um die Jahrhundertwende durch großspurige Versprechungen erreicht, daß der Baum auf riesigen Flächen angebaut wurde; nur mit seiner Hilfe glaubte man, der drohenden Holznot zuvorkommen und vor allem die Eisenbahnen nachhaltig mit Schwellen versorgen zu können. Doch weder die verheißene Schnellwüchsigkeit noch seine Nutzholztüchtigkeit bewahrheitete sich, und seine Kulturen wurden großteils vom Spätfrost vernichtet.

Das milde Baden-Badener Kurklima und die Fürsorge der Klostergärtner hin-gegen bekamen den beiden Eindringlingen aus der großen Welt vorzüglich. Als gnomenhafte Wächter beiderseits des zur Klosterpforte führenden Wegs haben sie ihr natürliches Alter bereits weit übertroffen: Gegen 200 Jahre stehen sie nun schon im Klosterhof und dürften damit zu den ältesten Exem-plaren ihrer Art in der Bundesrepublik gehören.

Die Eßkastanie auf Fürsteneck

Stiege uns nicht zur Winterzeit in den Städten bisweilen der Duft qualmender Maronistände in die Nasen, so hätte die Roßkastanie (Aesculum hippocastanum), jener aus Balkanschluchten importierte Park- und Alleebaum, der Eß- oder Edelkastanie (Castanea sativa) sicher die Schau vollends gestohlen: Der wichtigste Laubbaum der Südeuropäer, der Familie der Buchengewächse zugehörig und also nicht einmal entfernt verwandt mit seinem Namensvetter, wurde schon von den Römern bei uns eingebürgert und brachte es seitdem gleichwohl nur zu bescheidener Popularität.

Die Römer brachten uns die Kastanie zusammen mit der Rebe, denn sie lieferte den Winzern Rebpfähle, deren Lebensdauer von einheimischen Hölzern unerreicht blieb. Und wer schon keinen Geschmack an den gerösteten Früchten fand, der konnte sie immer noch den Schweinen verfüttern. Wirklich heimisch wurde der nützliche Baum im Weinbauklima der Schwarzwaldvorberge, doch wanderte er auch die Täler hinauf und taucht vereinzelt sogar bis in Höhen von tausend Metern auf. Sein leichtzersetzliches Laub konnte dabei auf den durch Streunutzung verarmten, sonnseitigen Hanglagen nur Besserung bringen.

Die Gewinnung der Rebpfähle erfolgte bei uns nicht anders als im Süden durch periodisches Kahlschlagen der Stockausschläge, im Niederwaldbetrieb. Wo man die Kastanie jedoch als Fruchtbaum wachsen ließ, da erwuchsen Einzelbäume und Haine, die es zwar nicht an Nutzwert, so doch an Schönheit durchaus mit der Eiche aufnehmen können.

Die wohl mächtigste Kastanie des Landes steht in

Eßkastanie im Glottertal

280 Meter Seehöhe auf dem Fürsteneck, unweit des alten Straßburgischen Amtsstädtchen Oberkirch. Schon Ludwig Klein hatte den Baum in seiner Sammlung; von ihm wissen wir, daß der gewaltige Stamm (Umfang damals 5,30, heute 6,30 Meter) 1,50 Meter tief in der Aufschüttung einer Gartenterrasse steckt. Sein Alter schätzte er auf 300 Jahre; sollte es zutreffen, so hätte der Baum just zu dem Zeitpunkt gekeimt, als sich der württembergische Herzog Friedrich von dem in Geldnöten steckenden Straßburger Bischof die Pfandherrschaft über die Stadt Oberkirch mitsamt der Burg Fürsteneck erkaufte. Eben zu jener Zeit (1592/1604) ließ der Pfandherr aus Stuttgarter Umgebung 30000 und aus Reichenweier im Oberelsaß 10000 Rebstöcke kommen und sie bei der Burg Fürsteneck und bei der benachbarten Ullenburg anpflanzen. Der Wert dieser Reben – Muskateller, Traminer, Gutedel und Walheimer Samen – betrug 6680 Gulden.

Nun erst konnte, dank schwäbischer Obhut und Entwicklungshilfe, der Renchtäler Weinbau so recht beginnen.

143

Mehlbeerbaum

Der kleine Baum an der alten Paßstraße, die von Badenweiler über den Sirnitz-sattel ins Wiesental führt, ist leicht zu übersehen. Der Kraftfahrzeugverkehr rollt längst auf bequemerer Trasse in Serpentinen an ihm vorbei, und die schwitzenden Rucksackträger, die – auf klassischer Route von Pforzheim nach Basel wandernd – die alte Steilstrecke heraufgestiegen kommen, heben nur selten den Blick, wenn sie den Baum passieren. Nur die Naturbeflissensten unter ihnen wischen sich ungläubig den Schweiß aus der Stirn, setzen gar den Rucksack ab und verharren staunend. Der mehlig weiße Filz der Blattunterseiten verrät es ihnen: Der Baum mit seinem korkenzieherartig gewundenen Stamm ist eine Mehlbeere (Sorbus aria), und, gemessen an der sonst von dieser Baumsorte erreichten Stärke, haben wir es mit einem Prachtexemplar zu tun!

Ein Teil des Stammes ist herausgebrochen, der verbliebene Rest mißt immerhin 2,00 Meter an Umfang, und das läßt – zumal bei einem Standort in tausend Meter Höhe und auf trockenem Sommerhang – auf ein für Mehlbeerbäume ungewöhnlich hohes Alter schließen; da sein Inneres morsch und hohl ist, hilft nur eine vage Schätzung: Zweihundert bis zweihundertfünfzig Jahre dürfen wir ihm wohl mit Sicherheit vermachen. Um die zerzauste und flechtenbehangene Krone noch ausreichend mit Wasser und Nährstoffen versorgen zu können, entsandte der Baum Luftwurzeln, die sich durch die Hohlräume des Stammes bodenwärts schlängeln.

Mehlbeeren, zusammen mit Vogel- und Elsbeere und mit dem Speierling zur Gattung Sorbus gehörend, sind kalk- und wärmeliebend. Wir finden sie daher vorzugsweise an Waldrändern und in Flurgehölzen der Schwäbischen Alb, ursprünglich im »montanen Steppenheidewald«, wie uns die Pflanzensoziologen lehren. Wie es der Baum da fertigbringt, sich auch auf sauren Urgesteinsverwitterungsböden der Schwarzwaldhochlagen zu behaupten, bleibt sein Geheimnis. Als Strauch klettert die Mehlbeere die steile Südwand des Belchen bis in fast 1400 Meter Höhe hinauf.

Gewiß, die »Wolle«, der Filz auf ihren Blättern schützt gegen klimatische Extreme, doch wo nehmen sich die zähen Lebenskünstler den Kalk her? Chemischen Analysen zufolge enthält die Asche des Mehlbeerbaums über 50 Prozent Calciumoxyd.

Kapitaler Speierling bei Ölbronn im Kraichgau, mit einem Stammumfang von 3,60 Metern wohl das stärkste Exemplar in Baden-Württemberg

Ein fast vergessener Baum: der Speierling

Schon Theophrast (372 bis 287 v.Chr.) kannte ihn, und Karl der Große befahl einst in seiner Ordnung für die Bewirtschaftung fränkischer Hofgüter, dem »capitulare de villis«, daß der Baum bei keinem Gutshof fehlen dürfe. In den milden Obstbaugegenden Baden-Württembergs ist er meist nur den Alten noch geläufig; seine Früchte pflegten sie dem Most zuzusetzen, besonders wenn es in guten Obstjahren den Äpfeln an Säure fehlte, und die Feinschmecker brannten sich ihren Sperbelschnaps, dessen lindernde Wirkung bei Magenschmerzen in alten Kräuterbüchlein gerühmt wird.

Nun droht er in Vergessenheit zu geraten, schon zählt er zu den seltensten Baumgewächsen des Landes. Doch sind es nicht nur unsere gewandelten Trinkgewohnheiten, die starke Rückläufigkeit des Mostkonsums, die den Fortbestand des Speierlings gefährden, alles scheint gegen ihn zu arbeiten: Sein heutiges Hauptvorkommen, die Streuobstwiesen im Nahbereich der Siedlungen, schrumpft unaufhaltsam weiter im Zuge der Ortserweiterungen und der Umstellung des Obstbaues auf maschinengerechte Pfropfplantagen. Wo er im Wald auftritt, wurde ihm oft genug die Ähnlichkeit seiner Blätter mit seiner nahen Verwandten, der Eberesche, zum Verhängnis, die in den Kulturen als »Unholz« unerwünscht ist und herausgehauen wird.

Sein außerordentlich festes Holz – es hat das höchste spezifische Gewicht aller mitteleuropäischen Laubbäume – war gesucht als Werkstoff zur Herstellung von Kelterpressen, Holzschrauben, Achsen und Speichen, heute sind vor allem Holzbildhauer hinter ihm her.

Der Speierling pflanzt sich auf höchst umständliche Weise fort, denn sein Same muß, ehe er eine Chance hat, zu keimen, erst einmal einen tierischen Magen durchwandern – wie beim Vogelbeerbaum. In seiner fleischigen Frucht mit der Form kleiner Äpfelchen oder auch Birnchen befindet sich eine keimhemmende Substanz, die ein Keimen zu Unzeit (bei kalter Herbstwitterung) verhindert. Will man den Speierling künstlich nachziehen – eine mühevolle Liebhaberei, der sich einige wenige Spezialisten verschrieben haben –, muß der Same den Winter hindurch einem komplizierten Stratifizierungsverfahren (Kalt-/Naßbehandlung) unterzogen werden; keimt er dann endlich, so erweisen sich die Keimpflanzen als außerordentlich krankheitsanfällig und müssen fortlaufend mit Pflanzenschutzmitteln behandelt werden.

Ich bin zuweilen damit beschäftigt, mir in meinem Kopf drin etwas Schönes vorzustellen, Bäume oder Ozeane oder Luft oder Liebe, weil es da, wo ich wohne, irgendwie nicht immer schön genug ist, zuwenig Bäume und Ozeane und Luft und Liebe... Abendländer hin oder her, irgendwer muß jetzt auch die Erinnerung an schon einmal wirklich gewesene Schönheit aufbewahren, und irgendwer muß irgendwie neue Schönheit schaffen. (Urs Widmer, Über das Schöne, Petrarcapreis-Rede 1977)

Birnbaum in der Feldflur

Wir beginnen uns an solche Landstriche zu gewöhnen, obwohl wir sie nach nur zwanzig Jahren nicht wiedererkennen würden. Teilnahmslos durchfahren wir sie auf unserer Suche nach landschaftlich reizvolleren Zielen, ohne in uns nennenswerte Regungen des Mißfallens, des Protestes oder der Trauer zu verspüren. Gelangweilt drehen wir am Knopf des Autoradios und suchen nach Ablenkung aus dem Äther statt aus der Landschaft. Ausgeräumte, »bereinigte« Flur. Eher beiläufig bleibt der Blick plötzlich an einem Obstbaum hängen, der da — Fata Morgana in baumloser Wüste — aus unerfindlichen Gründen stehenblieb.

Hätten wir Zeit, sollten wir ihn, sollten wir seinen Besitzer eigentlich einmal aufsuchen und befragen. Wem oder was verdankt der Baum sein Überleben, wo doch die Bäume der Umgebung alle fallen mußten? Dem Zufall? Der Platz für Zufälligkeiten wird knapp sein, wo den Maschinen alljährlich dutzendfach ein — wenn auch noch so kurzer — Umweg um ein Hindernis herum zugemutet wird. Denkbarer Grund für den Verbleib des Baumes: Seit Jahren schon hat sich's der Bauer vorgenommen, doch immer ist halt was dazwischen gekommen. Einmal den Traktor vorspannen und die Motorsäge walten lassen — im nächsten Spätherbst, wenn es ruhiger wird mit der Arbeit, wird er bestimmt daran glauben müssen. Es hat sich ja längst keiner mehr gefunden, der draußen die Mostbirnen aufgelesen hätte, seit nicht mehr gemostet wird.

Weitere denkbare Gründe: Wo der Birnbaum stockt, hatten die Alten einen Lessteinhaufen zusammengeklaubt, verhindert Staunässe oder Flachgründigkeit die Ackernutzung. Doch auch solches läßt sich mittlerweile richten, sanieren und drainieren, maschinengerecht einebnen und gewinnbringend nutzen. Vielleicht, wagt man zu spekulieren, war's letztlich doch ein Gewissensbiß, der dem Baum bislang das Leben rettete. Vielleicht war's die Erinnerung an des Vaters und des Großvaters sonntägliche Spaziergänge durch blühende Obstwiesen, belebt von Wendehals und Wiedehopf, Grünspecht und Fliegenschnäpper, von Faltern und Bienen. Der Birnbaum auf dem Acker — ein Feigenblatt?

»Boreal-montane« Nadelwälder

Wald auf großer zusammen-
hängender Fläche läßt uns
Kulturmenschen noch den
Traum einer von Polizeiaufsicht
unberührten persönlichen
Freiheit genießen. Man kann da
wenigstens noch in die Kreuz
und Quere gehen nach eigenen
Gelüsten, ohne an die paten-
tierte Heerstraße gebunden zu
sein. Ein gesetzter Mann kann da
noch laufen, springen, klettern,
ohne daß ihn die altkluge Tante
Dezens für einen Narren hält.
(W.H. Riehl, 1823-1897,
Land und Leute, Stuttgart)

Spitzkronige Fichten und Kiefern, Beersträucher, Flechten und Torfmoose, hie und da der schnarrende Ruf des Tannenhähers oder das polternde Fluggeräusch eines abstreichenden Auerhuhns: Wir befinden uns mitnichten im Nadelwaldgürtel nördlicher Breiten! Keine fünfzig Kilometer Luftlinie trennen uns von Rebbergen, Orchideen und Smaragdeidechsen, von der submediterranen Flora und Fauna des Kaiserstuhls oder vom Lianendschungel der Rheinauewälder. Landschaftlicher Gegensatz kann kaum krasser ausgedacht werden! Wir sind auf der Ostabdachung des Schwarzwalds, inmitten ausgedehnter Nadelwälder, zwischen Missen und Mösern, auf siedlungs- und ackerbaufeindlichem, armem Buntsandsteinplateau.
In der natürlichen Waldgesellschaft gesellt sich hier statt der Buche die Kiefer zu Fichte und Tanne: die Schwarzwälder Höhenkiefer, eine Rasse, die ob ihrer Geradschäftigkeit, Feinästigkeit und Engringigkeit der skandinavischen Kiefer an Wert durchaus ebenbürtig ist. Im Gegensatz zu den breitkronigen Kiefernrassen des Flachlands erweist sie sich als weithin schneebruchfest und erreicht bei voller Gesundheit ein Alter von über 400 Jahren.

Die Jahrringzählung an einer Kiefer aus den Fürstlich Fürstenbergischen Wäldern um Friedenweiler ergab ein für diese Baumart ganz außergewöhnliches Alter von 387 Jahren; der Baum verdankte sein langes Leben nicht nur dem kargen Standort, sondern dem Umstand, daß er auf einem Auerwild-Balzplatz erwuchs, wo Bäume seit Jahrhunderten nur mit ausdrücklicher Genehmigung seiner Durchlaucht entnommen werden durften.
Eine starke Zunahme erfuhr in geschichtlicher Zeit die Fichte, die ursprünglich nur die Moorränder besiedelte; nach der letzten Eiszeit war sie als letzte wieder bei uns eingetroffen, denn aus ihren Refugien in Südosteuropa hatte sie den weitesten Rückweg zu bewältigen. Derweil hatten sich die anderen Baumarten längst wieder breitgemacht, so daß die Fichte mit den sauren Moorstandorten vorliebnehmen mußte. Ihr Vorstoß nun wurde durch eine menschliche Nutzungsart beschleunigt, die bis in das beginnende 19. Jahrhundert hinein sogar gebietsweise die wirtschaftliche Bedeutung der Holznutzung übertraf: die Harzgewinnung.
»Den gebirgigen Schwarzwald hat Gott mit der Nahrung des gewaltigen großen Holzgewerbs, der

Verwurzelung

Viehzucht und des Harzens begabt«, schrieb im Jahr 1596 der württembergische Kartograph Gadner. Aus Harz oder Pech ließen sich vielerlei begehrte Waren herstellen, die – ähnlich den Erzeugnissen der heutigen Kunststoffindustrie – beim Schiffsbau, beim Kriegshandwerk, bei der Glas- und Fässerherstellung, in der Medizin und zur Beleuchtung unersetzlich waren. Wagenschmiere aus Harz war damals so wichtig wie heute das Schmieröl für das Kraftfahrzeug. Vielerorts betrugen die Harzerlöse denn auch ein Vielfaches der Holzerlöse. Da das Harz vorzugsweise an der Fichte gewonnen wurde, mußte um so mehr die Tanne zur Holznutzung herhalten.

Auch die im 19. Jahrhundert mit beispielloser Energie betriebene Entwässerung der vermoorten Wälder durch ein Netz von Drainagegräben förderte die Ausbreitung der Fichte, denn in der zunehmend dichteren Bestockung verjüngte sich die Tanne nicht mehr so reichlich, und wo die flachwurzelnde Fichte flächenweise durch den Sturm geworfen wurde, da samte sie sich am raschesten auch wieder an oder wurde vom wirtschaftenden Menschen angepflanzt. Zunehmender Wildreichtum und die Vorliebe des Rehwilds für Tannentriebe haben für eine weitere Verschiebung der Baumartenanteile gesorgt. Die fortschreitende Sturmgefährdung der fichtenreichen Bestände auf den vernässenden Standorten macht heute große Anstrengungen zur Wiedereinbringung der Tanne erforderlich. Den natürlichen Dreiklang von Fichte, Tanne und Kiefer wiederherzustellen, lautet die forstwirtschaftliche Devise.

Formenreichtum und Vielgesichtigkeit der Fichtenkrone spiegeln sich in jenem alten Holzhauerspruch wider: »Jede Fichte hat ein anderes Gesichte«. Die Ausbildung der Wurzel hingegen stellen wir uns gemeinhin weitaus weniger mannigfaltig vor. Vielleicht sind uns aus der Biologiestunde eben noch Begriffe geblieben wie Flach- und Tief-, Herz- und Pfahlwurzler. Die Eiche, selbstredend, gilt uns als sturmfeste Tief-, die Fichte als Flachwurzlerin, deren platte, steil aufgerichtete Wurzelteller uns bisweilen aus Bildberichten von sturmerzeugten Waldkatastrophen entgegenzustarren pflegen. Auf vernäßtem oder verdichtetem Standort läßt der Tiefgang der Fichtenwurzeln in der Tat zu wünschen übrig; daß sie auch anders kann, lehrt uns die Fichte auf dem Granitblock im Bergwald um Althornberg (Mittelschwarzwald): Festgeklammert am nackten Fels, dringen ihre Feinwurzeln tief genug in den lockeren Gesteinsgrus des Verwitterungsbodens ein, um sie ausreichend mit Nährstoffen und Wasser zu versorgen. Der Baum leidet keine Not auf seinem luftigen Sitz. Buche und Tanne, den anderen Gliedern der Bergmischwaldgesellschaft, ist er ein ebenbürtiger Partner und Konkurrent.

Kandelaber-Bildung bei Weidfichten, »Bilder urwüchsigster, trotziger Kraft und nahezu unverwüstlicher Lebenszähigkeit, Recken, die ungeachtet ihrer exponierten Lage jedem Unwetter Trotz bieten« (L. Klein, 1907): bei St. Märgen (oben), an der Escheck im Mittelschwarzwald (unten) und am Rohrsee im Alpenvorland, nahe Bad Wurzach

154

Kammfichte

Auffallend häufig treffen wir sie in den mittleren Lagen unserer Gebirge an: Bäume wie mit der Feder gezeichnet, wie geschaffen als Vorlage für das Skizzenbuch des Landschaftsmalers, zumal dort, wo sie als tiefbeastete Einzelbäume die Weidberge zieren. Die stilvolle Verzweigungsform mit den lang herabhängenden Nadelschnüren ist ihnen angeboren und wird weitervererbt; sie hat sich dort herausgebildet, wo Naßschneemengen allwinterlich der Fichte zur existenzbedrohenden Gefahr werden, in der Naßschneeregion zwischen 700 und 1000 Metern Seehöhe, wo andererseits die besten Wuchsleistungen erbracht werden. Schneebruchschäden gehören zu den größten Verlustquellen und Risiken des Fichtenanbaues im Gebirge. Zwischen den Hängezweigen der Kammfichte indessen fällt der Schnee hindurch oder er wird bereits beim leichtesten Luftzug abgeschüttelt. Anders sieht es in den Hochlagen aus: Hier würde sich in den langmähnigen Zweigen der Rauhfrost festsetzen, und unter der Eislast würden die Bäume noch rascher zusammenbrechen als unter dem Naßschnee der mittleren Lagen. Hier oben behilft sich die Natur auf andere Weise: Sie begünstigte die Auslese spindelförmiger Spitzkronen mit kürzeren, bürstenförmigen Zweigen.

*Kammfichte bei Fröhnd
im Wiesental*

Die Kammfichte gibt uns
das Stichwort für eine
besonders segensrei-
che Leistung des Berg-
walds: Tiefhängende
Regenwolken, die sich
am bewaldeten Berg-
land stoßen, werden
von den Bäumen zusätz-
lich gemolken; die Nie-
derschlagsmengen, die
von den Blatt- und Na-
delmassen aus den Wol-
ken herausgekämmt
werden, erscheinen
zwar nicht in den Stati-
stiken der Klimastatio-
nen, doch sie erreichen
oft nahezu die Menge
des den Meßtonnen
entnommenen Regen-
wassers.

157

Weidfichte im Schollach-tal im südlichen Ost-schwarzwald

Baumgrenze

Die baumfreien, windverblasenen Kuppen des »Höchsten«, des fast 1500 Meter hohen Feldbergs, waren Anlaß und Gegenstand eines langjährigen Gelehrtendisputs: Findet der Wald hier seine natürlichen Grenzen, oder sind diese nicht vielmehr anthropogenen Ursprungs, Folge von Rodung und Viehweide?

»Mons Veltperch«, diese Bezeichnung des Bergs taucht bereits in einer Urkunde des Jahres 983 auf; der Name stammt offenbar aus der Zeit der Besitzergreifung des Landes durch die Alemannen und läßt darauf schließen, daß der Feldbergrücken wohl kahl gewesen sein muß (velt = flache, nicht bewaldete Bodenfläche). Freilich reicht auch die Geschichte der Beweidung bis um die Jahrtausendwende zurück. Wie wertvoll die Feldbergweide für die umliegenden Gebietsherrschaften war, das läßt sich noch heutigentags aus der Anordnung der beteiligten Gemarkungsflächen ablesen, die alle auf dem Berg zusammenlaufen; die Hochweide hatte man zu allen Zeiten untereinander aufgeteilt. Auffallenderweise befuhr man den Feldberg immer nur mit dem Jungvieh. Die Almwirtschaft mit Melkerei und Käserei hat sich im Schwarzwald — im Gegensatz zu den benachbarten Vogesen — nie durchgesetzt. Vor der Beweidung hat man sich den Feldberg nach heutiger Sicht als ein bewaldetes Massiv vorzustellen, dessen Kamm allerdings aufgelöste Bestände von Krüppelfichten, Birken, Vogel- und Mehlbeere trug; hier in der Kampfzone machen vor allem die Winterstürme mit ihrem Schnee- und Eisgebläse den über die Schneedecke hinausragenden Bäumen zu schaffen. Wirklich baumfrei waren dennoch wohl nur die exponiertesten Erhebungen, dazu die moorigen Quellnischen und die Lawinenbahnen, die in die steilen Karwände hinabführen. Kostbare Relikte eiszeitlicher und alpiner Pflanzengesellschaften konnten hier überdauern und machen heute den besonderen Wert des Naturschutzgebiets Feldberg aus.

Wann immer der Weidebetrieb nachließ, begann der Wald, voran die robuste Fichte, die Hochweiden zurückzuerobern; so war es schon während des Dreißigjährigen Kriegs, als sich infolge des dezimierten Viehbestands der Wald von Westen her bis nahe an den Hauptgipfel heranschob, und so ist es neuerdings wieder, seit mit sinkender Wirtschaftlichkeit der Viehauftrieb zurückgeht. Anfang des vorigen Jahrhunderts scheint man freilich nicht so sehr das Vordringen des Waldes gefürchtet zu haben als vielmehr die vermeintlich drohende Wiederkehr der Gletscher: Damals war während einiger rauher Sommer in den Wächtenkesseln, ja selbst in südseitigen Rinnen der Schnee nicht mehr abgeschmolzen, und so mußten — auf Anordnung der fürsorglichen Benediktinermönche von St. Blasien — die Bauern der umliegenden Dörfer den Schnee »bis auf den Grund durchhacken«, so er bis zum 25. Juli nicht abgetaut gewesen sein sollte.

Nächste Seite:
Schachen, Fichtengruppe auf dem — für Landwirtschaft ungeeigneten — Erdwall einer Schanze aus den Spanischen Erbfolgekriegen (1701-1714) bei St. Märgen. Einst wurde geschanzt, wo es keinen Wald mehr gab, um Baum-Verhaue zu errichten. Heute sind die alten Verteidigungslinien meist von Wald überzogen

162

Ein unscheinbarer Riese

Die mächtigste (dem Verfasser bekannt gewordene) Weißtanne des Landes harrt – in Sichtweite der vielbefahrenen Sirnitzpaßstraße im Südschwarzwald – noch unerkannt ihrer Entdeckung durch die Allgemeinheit. Kein Pfad, kein Hinweisschild, weder Sitzbank noch papierne Taschentücher und weggeworfene Bierdosen markieren – sonst untrügliches Indiz für Sehenswürdigkeit – den Rekordhalter inkognito. Ihr Fehlen läßt uns für eine Landschaft Hoffnung schöpfen, wo Schönheiten und Besonderheiten der Natur meist flink zu werbewirksamen Attraktionen umgewandelt werden.

Hier steht ein Baumriese, zu finden weder in den Listen der amtlich zu schützenden Naturdenkmäler, weder in forstlichen Wirtschafts- noch in touristischen Wanderkarten, ungetauft, nicht mit Schildern vernagelt noch mit Weglein erschlossen. Wo in unseren Naturparks, in unseren Ferienlandschaften, in Freizeit- und Erholungsräumen, wo in aller Welt läßt man schon den Besucher noch stille Entdeckerfreuden genießen?

Tannen sind gleichsam die Tiefstapler unter den Waldbäumen; ihre wahren Ausmaße kann nur erraten, wer dicht an sie herantritt, wer sie mit den Armen zu umfangen versucht. Ihre Länge wird nur erahnen, wer schwindelnd, den Kopf im Nacken, die mächtige Krone vor fliegendem Gewölk dahinstürzen sieht. Mit der Entfernung versagt unser Vorstellungsvermögen, schwindet auch der Zauber. Unsere Tanne mißt an Umfang 5,50 Meter, woraus sich bei einer Länge von knapp 50 Metern eine Holzmasse von 42,3 Kubikmetern errechnen läßt. Am Stammfuß springt tosend der noch junge Klemmbach vorbei, der durch dichtbewaldete Steilhänge hinab in das lichtdurchflutete Tal von Badenweiler fließt. Dem Bach zuvorderst verdankt der Baum sein kapitales Maß, sorgte der doch dafür, daß frisches, sauerstoffreiches Wasser, die wichtigste Voraussetzung für den Riesenwuchs, stets im Überfluß vorhanden war.

Wenige Schritte nur bachaufwärts qualmte einst ein Kohlenmeiler; deutlich zeichnet sich im Hang die kreisrunde Verebnung ab, wo Fuchs und Maulwurf noch immer kohlpechrabenschwarze Erde, durchsetzt mit Holzkohlenresten, zu Tage fördern.

Dem Köhler muß die Tanne schon vor hundert oder zweihundert Jahren über die Kräfte gegangen sein, gewiß hätte er sie sonst verkohlt. Und auch die Holzschleifer und Fuhrleute, nicht eben die Zimperlichsten unter den Waldmenschen, müssen befürchtet haben, sie könnten die Ochsengespanne an ihr zu Tode schinden.

Die Benadelung des Riesen ist noch von gesunder, tiefgrüner Farbe. Noch immer scheint er sein Höhenwachstum nicht eingestellt zu haben, denn seine gewölbte Krone zeigt noch nicht die Storchennestform überalterter Tannen. Doch bei stürmischem Wetter schlage man einen weiten Bogen: der Stamm ist hohl. Sein Inneres diente unlängst, ausgepolstert mit einer Lage Farn, einem fahrenden Gesellen als nächtliche Bleibe.

Wettertanne vom Gisiboden

»Die Zeit ist vielleicht nicht mehr allzu ferne«, so prophezeite im Jahr 1907 Ludwig Klein in seiner Beschreibung der bemerkenswerten Bäume des Großherzogtums Baden, »wo die herrlichen Weid- und Wettertannen des Schwarzwaldes…alle der Vergangenheit angehören, denn sie schwinden leider mehr und mehr dahin, und auf entsprechenden Nachwuchs ist kaum zu rechnen.« Seine Klage erwies sich als nur allzu begründet: Von den zehn von ihm erwähnten Wettertannen findet sich nur noch diese eine vom Gisiboden bei Todtnau, und auch sie ist nur noch ein Schatten ihrer selbst; im Sommer 1975 fuhr der Blitz in die vormals neun-wipfelige Kandelabertanne und spaltete sie entzwei. Für zwei lange Winter lieferten die abgeschlagenen Stämme den Brennholzvorrat im nahen Gisibodenwirtshaus.

Blitzschlag, Sturm und Alterstod räumen auf unter den alten Weidbäumen; in einer Zeit der Intensivweiden, im Zuge der Trennung von Wald und Weide und der Entrümpelung neuer Aufforstungsflächen war dabei menschlicher Ordnungssinn allzu oft ein übereifriger Gehilfe.

Die wohl mächtigste Kandelabertanne des Schwarzwalds stockte – sechswipfelig – noch bis zum Herrgottstag 1976 verborgen in einer Falte des steilen Südabfalls des Brend, eines vielbesuchten Aussichtsbergs des Mittelschwarzwalds. Zum Verhängnis sollte ihr der Entdeckerstolz eines Baumfreundes aus Furtwangen werden, der sich freudig der Heimatredaktion seiner Zeitung anvertraute. Der Bericht samt Zeichnung hatte nicht nur eine kleine Flurprozession von Liebhabern schöner Bäume zur Folge, er erboste auch den ungefragten Besitzer, einen braven Schwarzwaldbauern, der ebenso um sein beim Baum gefaßtes Quellwasser fürchtete wie um seine Ruhe, dermaßen, daß er ihn kurzerhand umhieb.

Die »Eingeweide« der bei ihrer Fällung zerborstenen Kandelaber-Tanne vom Brend im Mittelschwarzwald

Wir waren im Schoße des Schwarzwaldes. Berge nur Berge ... und
Wald, wundervoller alter und kräfti-
ger Wald. Der Nachthimmel war klar,
und so vermochte ich alle Baumarten
zu unterscheiden, und zumal die
prächtigen Weißtannen mit ihren
graden und hellen Stämmen. (Iwan
Turgenjew, 1818-1883, Gespenster)

Gersbacher Tannen

Zwischen Wehra- und Wiesental, auf der Südabdachung des Schwarzwaldes, im Wald der Gemeinde Gersbach, scheinen die Bäume in den Himmel wachsen zu wollen. Die »Skyline« der Tannentürme ist Schwarzwald, wie wir ihn sonst nur noch aus Sagen und Reiseschilderungen vergangener Jahrhunderte kennen. Die Inschrift auf der Tafel, welche die Kurverwaltung an der »Großen Tanne« angebracht hat, ist zwar eine milde touristische Übertreibung; gleichviel, das Institut für forstliche Biometrie der forstlichen Fakultät der Universität Freiburg hat vor einigen Jahren Maß genommen: »Größte Tanne Westeuropas, Höhe 49 Meter, Alter ca. 400 Jahre, Brustumfang 4,77 Meter, Stockumfang 7 Meter, Nutzholzmasse ca. 30 Festmeter, Gesamtholzmasse ca. 40 Festmeter«.

Der Riesenwuchs kommt nicht von ungefähr. Der Nährstoffreichtum des Urgestein-Verwitterungsbodens und die Gunst des atlantisch getönten Klimas mit seinen hohen Sommer- und Winterniederschlägen reichen freilich zur Erklärung nicht ganz aus. Da ist auch noch die historische Komponente; die Reste eines alten Glasofens, auf die man unweit der Großen Tanne im Waldboden stieß, weisen die Richtung: Jahrhundertelang galt den Waldbesitzern, vorzeiten einer Familiengenossenschaft reicher Gersbacher »Mähnebauern«, dann der politischen Gemeinde, die Mischbaumart Buche mehr als die Weißtanne. Erstere ließ sich zur begehrten und transportgünstigen Holzkohle verkohlen und an das Hammerwerk im Wiesental oder an die Glashütten »auf dem Wald« verkaufen. Die spätere Ablösung des genossenschaftlichen Eigentums brachte der Gemeinde Gabholzverpflichtungen, was bedeutet: Sie mußte ihren Bürgern alljährlich große Mengen von buchenem Brennholz bereitstellen. Die Tannen hingegen, die sich ohnehin nur spärlich selbst verjüngen (ansamen), blieben im Wald. Da es hier oben an Sägewerken und geeigneten Transportmöglichkeiten fehlte, wurden sie stärker und stärker – die stärksten von ihnen werden nun als stolze Wahrzeichen gehegt und geschont.

Und noch einem anderem günstigen Umstand verdankt die Große Tanne ihre Maße: Nur wenige Schritte entfernt verläuft das »Scherwuhr«, einer jener oft viele Kilometer langen, an den Hängen sich hinziehenden Wassergräben, mit denen die Wiesen der Hochlagen bewässert wurden. Das Wuhr führt längst kein Wasser mehr, doch ein paar Jahrhunderte lang wird es den großen Durst der Großen Tanne mitgestillt haben.

Weißtannen-Wildwuchs

Vom »Schneeberger«, dem uralten Bauernhaus an der Notschrei-Paßstraße, führt ein beschwerlich steiler Pfad hinauf in eine Halde, deren Wildheit im Schwarzwald ihresgleichen sucht. Der Wald zwischen Felsschrofen und Blockströmen, struppig und durchlöchert, scheint noch nie von eines Försters oder Holzhauers Fuß betreten worden zu sein: Nicht geschenkt würden die Säger die von Steinschlag, Schnee und Sturm zerschundenen, gekrümmten und verwachsenen Tannenstämme nehmen; die Kosten für das Hauen und Zutalbringen würden – zumal bei den heutigen Löhnen – jedes erträgliche Maß übersteigen. Und so beläßt man es wohlweislich beim schönen Chaos, ein Stück Tannenurwald, dazwischen ein paar krüppelige Bergahorne und auf den Schrofen hingeduckte Kiefern, Eichen und die seltene Felsenbirne.
Auf einem felsigen Sporn finden sich unvermutet Mauerreste, Menschenwerk, das uns in Erinnerung zurückruft, daß Wildnis hierzulande gar nicht wild genug sein kann, als daß sie nicht Außenseitern und Kulturflüchtern noch als Zuflucht gedient hätte: Hier sind es die Überreste der Schneeburg, der Stammburg jenes berüchtigten Freiburger Raubrittergeschlechts Kolman-Snewelin, das anfangs des 14. Jahrhunderts die umliegenden Klöster drangsaliert und Freiburger Handelsleute eingefangen hatte, ehe die erstarkte Stadt zusammen mit verbündeten Breisgauer Grafen zum Gegenschlag ausholte und das Wegelagererschloß dem Erdboden gleichmachte. Doch die wilde Gegend zog weiterhin wilde Gesellen an. So nistete sich im 18. Jahrhundert der »Schweitzerjörg«, ein Schmuggler aus Kirchzarten, in den Resten der Burg ein; mit der Flinte in der Hand trotzte der allen von der Stadt Freiburg gegen ihn erlassenen Befehlen, bis ihn schließlich ein Aufgebot der Landesregierung mit Mühe überwältigte. Heute turnen Freiburger Alpinisten in den Wänden, späte Romantiker in einem wildromantischen Klettergarten.

Urwald am Wilden See

Unser Urwald-Klischee, das uns aus Großmutters Märchenbuch geblieben ist, finden wir am Wilden See rundum bestätigt. Es stimmt alles: die Tannenriesen, die gebleichten Baumskelette und deren umgestürzte, vermorschende Trümmer, die schwellenden Moospolster, die wiegenden Farne, murmelnde Quellen und Bächlein, der im Moor sich suhlende Hirsch, ein unergründlicher, schwarzdunkler See und – nicht zu vergessen – die verwunschenen Überreste einer einsamen Einsiedelei.

Der Anblick wilder, jungfräulicher Natur, »des deutschen Urwalds keusche Pracht« (Riehl, 1823 bis 1897), ist Seelenbalsam. Am liebsten möchte man da sein Wissen um die vielerlei glücklichen Fügungen verdrängen, deren es bedurfte, um ein solches Kleinod unversehrt in die Jetztzeit herüberzuretten. Am wenigsten noch konnten den riesigen Wäldern auf dem nährstoffarmen Buntsandsteingebirge des Nordschwarzwalds die Harzer, Aschenbrenner und Köhler anhaben, und auch die Hirten, die jahrhundertelang ihre Herden von den Tälern in den Wald herauftrieben, brachten ihn nicht ernstlich in Gefahr. Doch im Jahr 1758 schlug ihm die Stunde: Lange genug hatten die badischen und württembergischen Landesherren, deren aufwendiger Hofstaat sie in immer neue Geldnöte stürzte, vergeblich darüber nachgesonnen, wie sie das Kapital ihrer Wälder diesseits und jenseits der alten Landesgrenze verflüssigen könnten. Da endlich fand sich ein geeigneter Geschäftspartner: der holländische Überseehandel, der Starkholz brauchte zum Bau von Schiffen und Häfen.

Eine Holzhandelskompagnie machte sich daran, die Murg flößbar zu machen, warb Holzhauer und Flößer im ganzen Schwarzwald und in Tirol, siedelte sie in »Kolonien« selbst in den abgelegensten Tälern an und zögerte nicht, Berge und Hänge beiderseits der Murg in riesigen Kahlschlägen abzuholzen. Das große Geschäft jener Zeit endete mit der totalen Verwüstung der Wälder, und allenfalls in den steilsten Karwänden um den Hauptkamm mögen einzelne Altholzreste überdauert haben.

Je mehr die Holzvorräte schrumpften, desto schlimmere Ausmaße nahmen Holzdiebstähle, Wilderei und Brandstiftung an. Im Württembergischen argwöhnte man, daß Wildererbanden aus dem Badischen Waldbrände anlegten, um anderswo ungestört freveln zu können, und badische Jäger erschossen im Jahr 1784 vier württembergische Wilderer. Am 4. August 1800 brach am Wilden

Kohlenmunk-Peter hatte jetzt den höchsten Punkt des Tannenbühls erreicht. Er stand vor einer Tanne von solch ungeheuerem Umfang, daß für sie jeder holländische Schiffsherr an Ort und Stelle viele hundert Gulden gegeben hätte. »Hier«, dachte er, »wird wohl der Schatzhauser wohnen.«
Er zog seinen großen Sonntagshut, machte vor dem Baum eine Verbeugung, räusperte sich und sprach mit zitternder Stimme: »Wünsche einen glücklichen Abend, Herr Glasmann!« Aber es folgte keine Antwort, und alles ringsum blieb so still wie zuvor. »Vielleicht muß ich das Verslein sprechen«, dachte er und murmelte: »Schatzhauser im grünen Tannenwald, bist schon viel hundert Jahre alt; dir gehört all Land, wo Tannen stehen –« Während er diese Worte sprach, sah er zu seinem großen Schrecken eine ganz kleine, sonderbare Gestalt hinter der dicken Tanne hervorschauen. (Wilhelm Hauff, Das Kalte Herz)

See ein Großbrand aus, der siebzehn Tage lang wütete und gegen dreitausend Hektar Wald – das meiste freilich Kahlschläge und Jungwuchsflächen – vernichtete; die Brandstifter wurden nie gefaßt. Armut und Not der angesiedelten Holzhauer verschlimmerten sich nun derart, daß die Landesherren sie am liebsten nach Amerika abgeschoben hätten.

Auch in der Seewand hatte ein kleiner Waldrest den Brand überstanden; die heute über 170jährigen Tannen (darunter die abgebildete) vermitteln noch einen Eindruck von den ursprünglichen Waldverhältnissen, während Fichte und Kiefer auf der Brandfläche großteils künstlich eingebracht worden sind.

Im Jahr 1911 schied die württembergische Forstdirektion, der Zeit weit vorauseilend, eine Fläche von 84 Hektar als Bannwald aus. Die Idee zur Schaffung staatlicher Bannwälder, in denen jegliche forstliche Nutzung zu unterbleiben hatte, war erstmals im Jahr 1900 aufgetaucht, als in den Blättern des Schwäbischen Albvereins »zur Erhaltung der vaterländischen Naturdenkmale« aufgerufen wurde; Christoph Wagner, Professor der Forstwissenschaft in Tübingen, unterbreitete der Forstverwaltung dann 1908 den konkreten Vorschlag, die Waldumgebung des Wilden Sees zum Banngebiet zu erklären. Bis zum Inkrafttreten des Reichsnaturschutzgesetzes im Jahr 1935, in welchem Naturschutzgebiete erstmals ihre Rechtsgrundlage erhielten, waren von der Württembergischen Forstdirektion eine Reihe weiterer Bannwälder ausgewiesen worden. Auf Anregung des Schwarzwaldvereins zog nach dem Zweiten Weltkrieg auch Baden mit, und zum europäischen Naturschutzjahr 1970 konnte die baden-württembergische Landesforstverwaltung insgesamt 40 Bannwaldgebiete vorweisen.

Diese Totalreservate sind für die Forstwissenschaft »Freiluftlaboratorien«, langfristige Versuchsflächen, die Auskunft darüber erteilen sollen, wie sich Wälder, Flora und Fauna entwickeln, wenn sie sich für Jahrzehnte und Jahrhunderte selbst überlassen bleiben. Für die Landschaftspflege hat die ökologische Entwicklung auch ökonomische Bedeutung. Bannwälder sollen die Frage klären helfen, wieviel Waldpflege erforderlich ist (oder unterbleiben kann), ohne daß die Erfüllung der Erholungs- und Sozialfunktionen des Waldes beeinträchtigt wird.

Paradiesbaum

Und Gott der HErr ließ aufwachsen aus der Erde allerlei Bäume, lustig anzusehen und gut zu essen, und den Baum des Lebens mitten im Garten und den Baum der Erkenntnis des Guten und Bösen. (1. Mose 2,9)

Ob unter den Bäumen, die der HErr in seinen Garten gepflanzt hat, auch die schlichte Kiefer war, scheint mehr als fraglich zu sein. Der Bibelfeste wird uns an die Prophezeiung des Hesekiel verweisen, dessen Seheraugen im Paradies weitaus üppigere Baumgewächse erblickten: »Und an demselben Strom, am Ufer auf beiden Seiten, werden allerlei fruchtbare Bäume wachsen, und ihre Blätter werden nicht verwelken noch ihre Früchte ausgehen; und sie werden alle Monate neue Früchte bringen, denn ihr Wasser fließt aus dem Heiligtum. Ihre Frucht wird zur Speise dienen und ihre Blätter zur Arznei« (Hesekiel 47,12). Und doch hat es diese Kiefer geschafft, mit der ihr eigenen Anspruchslosigkeit und Härte: Sie steht über der Schwelle zum »Paradies«, der so genannten Vorhalle zur ehemaligen Klosterkirche des Zisterzienserklosters Herrenalb. Die romanische Eingangspforte, in deren Mauerwerk sich der Baum seit bald einhundertfünfzig Jahren mit seinen Wurzeln festklammert, gehört zum ältesten Teil des Klosters, das Graf Bertold III. von Eberstein 1148 als eines der ersten Klöster dieses Ordens in Deutschland stiftete. Nach seiner Zerstörung durch Brand im Jahr 1463 wurde den romanischen Überresten ein hochgotischer Teil aufgesetzt.

Wie kommt der Baum aufs Dach? Von den umliegenden steilen und trockenen Buntsandsteinhängen, wo die Kiefer zuhause ist, ist ihr geflügelter Samen zu Tal gesegelt. In einer Mauerritze hat er sich verfangen, und in den Spuren von beginnender Bodenbildung hat er gekeimt. Feuchtigkeit und Nährstoffe der Spalten haben genügt, den jungen Baum zu ernähren, doch später müssen seine Wurzeln wie um ihr Leben gewachsen sein; meterweit lassen sie sich zwischen den Steinen verfolgen, und hätten ihre Spitzen nicht letzten Endes gewachsenen Boden erreicht, es wäre dem Baum ein frühes Ende beschieden gewesen. So aber trotzt er Sturm und Trockenheit – ein Wächter an der Pforte zum Herrenalber Paradies.

Und Gott der HErr sprach: Siehe, Adam ist geworden wie unsereiner und weiß, was gut und böse ist. Nun aber, daß er nicht ausstrecke seine Hand und breche auch vom dem Baum des Lebens und esse und lebe ewiglich!
Da wies ihn Gott der HErr aus dem Garten Eden, daß er das Feld baute, davon er genommen ist, und trieb Adam aus und lagerte vor den Garten Eden die Cherubim mit bloßem, hauendem Schwert, zu bewahren den Weg zu dem Baum des Lebens. (1. Mose 3, 22-24)

Legfohren / Legforchen

Da die Hochmoorlandschaft um Wild- und Hornsee durch die alte Landesgrenze geteilt wird, befinden wir uns in der glücklichen Lage, der Schilderung aus dem Badischen noch eine zweite, nicht weniger enthusiastische aus dem Schwäbischen Baumbuch (1911) anfügen zu können: »Wer je von Wildbad her emporgestiegen ist zum Hornberg…, dem wird der Eindruck unvergessen bleiben, den er hier oben empfängt, wo das ›Wildseemoos‹ mit seinen schwarzen Seen dem aus dem Getriebe der modernen Bäderstadt Entronnenen wie ein Bild aus einer fernen, fremden Zeit entgegentritt… Die nach den alten Schilderungen ganz vereinzelt wachsende Legforche hat heute den größten Teil des Gebiets erobert, sie beherrscht durchaus das Landschaftsbild«.

Kleins Forderung nach Schonung und Erhaltung des Wildseemoors war Erfolg beschieden: Es wurde unter Naturschutz gestellt und als Bannwaldgebiet ausgeschieden, in dem jegliche forstliche Nutzung unterbleibt.

Das Vorkommen der Legfohren (badisch) oder Legforchen (schwäbisch), dieser kriechenden Unterart der Bergkiefer (Pinus mugo), ist im Nordschwarzwald nicht auf die eigentlichen Hochmoore beschränkt. Sie bedeckt auch die Grinden, die durch Weidebetrieb vormals kahlköpfigen Kämme des Buntsandsteinschwarzwalds. Nachdem die Beweidung 1864 endgültig aufgegeben wurde, hat man sie sogar gebietsweise als Vorwaldstrauch künstlich eingebracht. Die Entwaldung hatte hier auf den sehr niederschlagsreichen Höhen zu Vermoorung und Verheidung geführt; auf den offenen Flächen entstanden Moorheiden, die im Volksmund »Bockser« heißen. In den Legfohren-Vorwald beginnt nun die Fichte einzuwandern und – wo sie nicht durch Landschaftspfleger wieder ausgehauen wird – das Krüppelholz zu überwachsen.

Spirkenmoore

Wirre Legfohrenwildnis überzieht die Grinden und Hochmoore des Nordschwarzwalds; im Südschwarzwald und in den oberschwäbischen Mooren treffen wir dieselbe Baumart (Pinus mugo) zwar wieder an, doch seltsamerweise nicht als kriechende Legfohre, sondern als kerzengerade Spirke. Wächst jene vorwiegend in der Horizontalen, so erreicht diese Baumhöhen von bis zu 20 Metern. Die dunkle Farbe der kleinschuppigen Rinde und das Schwarzgrün ihrer Nadeln verstärken den geheimnisvoll düsteren Reiz der Hochmoore.

Die Spirkenwälder stehen heute fast alle unter Naturschutz. Zu Zeiten, als das Weidevieh noch nicht inmitten von elektrisch geladenen Drähten graste, bevorzugten die Bauern Spirkenstangen zur Herstellung der Weidezäune, denn sie galten ihnen als besonders dauerhaft und stabil.

Hinter einem Palisadenzaun aus fünfzehntausend Spirkenstämmchen, die eine Länge von sieben Metern und eine Stärke von 7 bis 15 Zentimetern hatten, verschanzten sich die bronzezeitlichen Bewohner einer solchermaßen befestigten Inselsiedlung im oberschwäbischen Federsee. Die Entdeckung dieser guterhaltenen und an Funden reichen Siedlung aus dem 12. bis 9. vorchristlichen Jahrhundert verdanken wir dem Ärger eines Bauern, der mit der Sense beim Mähen seiner Wiese immer wieder in die Köpfe der Palisadenpfähle fuhr; erbost hatte er sie zwar wiederholt mit der Axt abgehauen, doch sie schienen alljährlich nachzuwachsen.

Spirken im »Rotmeer« bei Altglashütten im Hochschwarzwald

Eiben im Lipsental bei Bodman

Daß die Eibe sehr langsam wächst, ist bekannt, doch erreicht auch sie natürlich auf verschiedenen Standorten ganz verschiedene Stärke, so daß die Mäße bestimmter tausendjähriger Stämme nicht ohne weiteres zur Altersabschätzung anderer Eibenbäume verwendet werden können. (Schwäbisches Baumbuch, 1911)

Es brauchte die übersteilen, fast unzugänglichen Molasseschluchten des Bodanrücks und besonderen gräflichen Schutz, um sie vor den jahrhundertelangen Nachstellungen in die Gegenwart herüberzuretten. Eibenholz war vor allem bei Armbrust- und Büchsenherstellern so begehrt, daß die Baumart in weiten Landesteilen verschwunden ist, in denen sie ursprünglich heimisch war; Ortsnamen wie Eybach, Ibach, Ibental, Iberg usw. bezeugen noch die einstige Verbreitung.

Auch in den heutigen Wirtschaftswald passen die Eiben nicht mehr so recht. So zäh und widerstandsfähig sie sich dank ihres enormen Ausschlagvermögens unter dem Schirm der Laubbäume behaupten können: Eiben ertragen – vor allem in ihrer Jugend – keine Kahlhiebe. In den Steilhalden des Bodanrücks, wo eine flächenweise Holznutzung nur unter Gefahr für Leib und Leben möglich ist, kommt die Eibe noch in etwa 250 Exemplaren vor; die stärksten unter ihnen dürften zu den ältesten Bäumen des Landes zählen, auch wenn sie noch so unscheinbar und unentdeckt ihr Schattendasein führen. Ihr jährliches Dickenwachstum mißt sich nur nach Millimetern, und dennoch haben es einige zu erstaunlichem Umfang gebracht (die vier stärksten messen in Brusthöhe 2,05, 2,30, 3,25 und 3,30 Meter bei Baumhöhen zwischen 8 und 12 Metern). Ihr genaues Alter wird man freilich nicht mehr ermitteln können, denn die Stämme haben meist nur noch einen gesunden Mantel von 3 bis 5 Zentimeter Mächtigkeit, während ihr Inneres morsch und hohl ist.

Weitere natürliche Eibenvorkommen finden sich vereinzelt noch an den Steilhängen der Schwäbischen Alb, im Schwarzwald und im Alpenvorland.

Als älteste Bäume Deutschlands gelten zwei Eiben im bayerischen Allgäu: Das Alter der einen wird bei einem Umfang von etwa 3,20 Metern auf 2000 Jahre geschätzt; sie steht bei Hinterstein nahe Hindelang. Die andere besteht aus zwei Teilstämmen, die möglicherweise gespaltene Restteile eines vormals gemeinsamen Stammes sind und so einen hypothetischen Umfang von über 6 Metern erbringen würden. In Balderschwang, auf dessen Weidfeld der Baum grünt, zögert niemand, ihm das Rekordalter von 4000 Jahren nachzurühmen.

Lärchenwellen

Angeregt durch die Schilderungen eines sicherlich vom Heimweh geplagten vorderösterreichischen Kollegen soll im Jahr 1584 ein badischer Amtmann aus dessen Tiroler Heimat Lärchensamen bezogen und um die Hochburg bei Emmendingen ausgesät haben. Dieser erste aktenkundige Einbringungsversuch des alpinen Baumes außerhalb seines natürlichen Verbreitungsgebiets muß fehlgeschlagen sein, denn um 1750 war die Lärche zumindest in der Markgrafschaft wieder eine gänzlich unbekannte, in den Akten nirgends erwähnte Baumart.

Um diese Zeit nämlich machten sich — getrieben von der sich abzeichnenden Holznot — einige süddeutsche Landesherren energisch daran, den weithin trostlosen Zustand ihrer Wälder durch Anbau raschwüchsiger Baumarten aufzubessern. So begann man in der Markgrafschaft Baden-Durlach im Jahr 1758, im Hagenschieß bei Pforzheim und im damaligen Forstamt Rötteln bei Lörrach Lärchen-Pflanzgärten anzulegen; von dem ersteren kündet noch heute der »Pforzheimer Lärchenstein«, denn »Anno 1768 geruheten Ihro Hochfürstliche Durchlaucht, die Reg. Frau Markg. zu B.D., geb. Landgräfin zu Hessen-Darmstadt, diese Lerchenblantage in hohen Augenschein genommen. Es wurde dahero dieser Stein zu einem beständigen Denkmal anhero gesetzt. Soli Deo Gloria.«

Die Lärchenwelle, die nun über das Land schwappte, wurde von den Forstleuten zwar mit großer Energie, doch offenbar nur mit mäßigem Erfolg gefördert: 1796 zählte man allein im damaligen Oberforstamt Eberstein bei Gernsbach »300000 verpflanzter Stämmchen«; der Amtsvorstand, Oberforstmeister Friedrich Heinrich Georg Freiherr Drais von Sauerbronn, war ein überaus eifriger Verfechter des Lärchenanbaus. Ihm zur Seite stand bisweilen sein Neffe, der Forstadjunkt Karl Friedrich, der im Murgtal freilich nicht besonders gut getan haben soll, da sein Interesse weniger waldbaulichen als technischen Problemen galt. Während die Lärchen des Onkels alsbald von den nachdrängenden Tannen und Fichten überwachsen wurden, brachte es die »Draisine« des Neffen zu Weltruhm.

Zwischen 1820 und 1865 folgte eine zweite Welle, in deren Folge die Lärche mit Erfolg vor allem im Odenwald eingebürgert wurde, während die Versuche im Schwarzwald wiederum großteils mißlangen.

»Hildegard-Lärche« beim Haldenhof oberhalb Sipplingen am Bodensee. Mit ihrem Stammumfang von 4,40 Metern und einer Baumhöhe von 43 Metern die stärkste Lärche des Landes. Gepflanzt um das Jahr 1775, soll sie an Gräfin Hildegard von Hohenfels erinnern, »die letzte ihres Geschlechts«

Eine dritte Welle verzeichnete man von 1910 bis in die dreißiger Jahre, als unter den Forstleuten der Mischwaldgedanke wieder mehr und mehr Anhänger fand; doch den »Buntmischungen« jener Jahre blieb ein nachhaltiger Erfolg ebenso versagt wie den vorangegangenen Bemühungen. Diesmal hatte man es nicht nur mit der Lärche alpenländischer Herkunft versucht, sondern man hatte ihr vielerorts ihre japanische Verwandte vorgezogen, deren Holzqualität sich im nachhinein als weitaus weniger wertvoll herausstellte.

Eine – vorläufig – letzte Lärchenwelle brandete über die durch Reparationsleistungen und Käferfraß entstandenen, riesigen Kahlflächen der Nachkriegsjahre. Wieder wurde die Lärche auf großer Fläche der Fichte einzeln beigemischt – und wieder wurde die gute Absicht, schnellstmögliche Holzerzeugung bei Vermeidung großflächiger Monokulturen, von der Lärche nicht belohnt: Dank ihres raschen Jungwachstums wuchs sie der Fichte erst über den Kopf, dann aber holte diese auf, und nun sind die Lärchen großteils im Fichtenmeer ertrunken.

»Forstliche Gemütskrankheit«, so hat ein Spötter und Kritiker die epidemisch wiederkehrenden und so oft vergeblichen Anstrengungen geschmäht, den lichten, schönen Baum des Hochgebirges bei uns heimisch werden zu lassen.

Starkastige, im Frei-
stand erwachsene
Douglasie von Enz-
klösterle, Nordschwarz-
wald

Teuffelstanne

Mit dem Teufel wird es hier einmal nicht gerade zugegangen sein, und eine Schwarzwald-Tanne ist der kirchturmlange Baum im Lütterstengraben bei Kandern (Markgräflerland) auch nicht. Die »Teuffelstanne«, so wird der staunende Waldbesucher von einer Hinweistafel aufgeklärt, ist eine Douglasie, eine der ersten und ältesten und wohl auch mächtigsten Deutschlands (Höhe 49 Meter, Umfang in Brusthöhe 3,70 Meter, Masse 20 Festmeter); sie wurde im Jahr 1879 vier- oder fünfjährig durch den Kanderner Forstamtsvorstand, Oberförster August Freiherr Teuffel von Birkensee (1840-1910), einem Pionier des Douglasienanbaus, gepflanzt. Teuffel war einer der ersten Forstmänner, die den Versprechungen eines gewissen John Booth, seines Zeichens Inhaber einer Samenfirma in Groß-Flottbeck, Glauben schenkten und Versuchspflanzungen in seinem Forstbezirk durchführen ließen.

Für das Schwäbische und das Badische Baumbuch der Jahrhundertwende konnten sie also noch nicht bemerkenswert genug gewesen sein, und sie wurden daher auch nicht eines Wortes gewürdigt. Heute gelten die Douglasien als die besterprobten, leistungsfähigsten und anspruchslosesten »Gastarbeiter« unter den Wirtschaftsbaumarten, die alle bodenständigen Nadelbäume buchstäblich in den Schatten stellen. Vor allem an trockenen Sommerhängen schließt die Douglasie eine Lücke im Angebot an nutzholztauglichen einheimischen Baumarten. Aufs Ganze gesehen beträgt ihr Anteil an der baden-württembergischen Holzbodenfläche zwar erst ein Prozent, doch in der jüngsten Altersklasse (bis 20 Jahre) ist sie landesweit bereits mit über 4 Prozent vertreten.

Die Überlegenheit dieses an der Pazifikküste Nordamerikas beheimateten Baumes ist so erdrückend, daß sie selbst bei fortschrittsgläubigen Forstleuten gelegentlich ein Gefühl des Unbehagens verursacht, bei anderen geradezu Haßliebe erzeugt: Begeisterung über die schier unbegrenzten Möglichkeiten, ertragsschwachen Betrieben wieder auf die Beine zu helfen, Angst vor der eigenen Courage, zugunsten einer »Exotin« heimatliche Waldgesellschaften aus purem Nützlichkeitsdenken auf allzu großer Fläche zu opfern. — Ein Gastarbeiterproblem von beträchtlicher Tragweite, denn die Weichen der Forstwirtschaft werden für lange Umtriebszeiten, für hundert und mehr Jahre gestellt.

Ein Hauch von Exotik – die Wellingtonie im schwäbischen Pflanzgarten

Im Jahr 1850 stieß ein Engländer in der kalifornischen Sierra Nevada auf bislang unbekannte Nadelbäume von geradezu unvorstellbaren Außmaßen. Sie wiesen Durchmesser auf bis über 15 Meter und Baumhöhen bis zu 120 Metern!

Die Riesen – einem von ihnen sollten später noch Automobile mit staunenden Touristen durch den ausgehöhlten Stammfuß rollen – erregten ein solches Aufsehen, daß Amerikaner wie Engländer beschlossen, sie nach ihren jeweiligen Nationalhelden »Washingtonia« beziehungsweise »Wellingtonia« zu benennen. Erst später fand man heraus, daß sie nahe Verwandten der schon früher entdeckten Sequoien waren, und so lautet ihr wissenschaftlicher Name nunmehr Sequoiadendron giganteum, zu deutsch Riesensequoie.

Wie sehr die deutschen Landesherren noch im vorigen Jahrhundert vom »Gespenst der Holznot« umgetrieben wurden, von der Furcht, die ausgeplünderten Wälder könnten nicht rasch genug nachwachsen, um die drohende Energie- und Baustoffkrise noch verhindern zu können, das beweist am besten die Tatsache, daß sich die Kunde von dem amerikanischen Wunderbaum wie ein Lauffeuer durch die alte Welt verbreitet haben muß:

Ganze drei Jahre nach ihrer Entdeckung gelangte die Wellingtonie schon nach Europa!

So wurde in Württemberg ihr Samen auf Geheiß des Königs schnellstens in den Kalthäusern der Wilhelma ausgesät. Bereits Mitte der sechziger Jahre des vorigen Jahrhunderts konnten hunderte junger Pflanzen an die Staatswaldungen des Landes verteilt werden. Bar aller Erfahrungen über die standörtlichen Ansprüche der Wunderbäume, verlegenheits- wie vorsichtshalber, taten die königlich württembergischen Forstbeamten das einzig Vernünftige: Sie pflanzten die Neulinge nicht wahllos in den Wald, sondern sie begnügten sich damit, die vielversprechenden Bäume am Rande von Saatschulen und Pflanzengärten unterzubringen. Hier konnte man sie erst einmal gründlich beobachten, ehe man sich auf waldbauliche Experimente einließ.

Ein großer Teil der Riesensequoien fiel denn auch schon dem kalten Winter 1879/80 zum Opfer, andere kümmerten jahrzehntelang auf ungeeigneten Standorten. Einige wenige wuchsen indessen zu stattlichen Stämmen heran. Eine Revolution im schwäbischen Waldbau brauchte jedenfalls nicht stattzufinden. Man hatte sich nicht blenden lassen von den gewaltigen Dimensionen

Die fremden Holzarten stören uns in der Illusion, im Freien, das heißt, von einer sich selbst überlassenen Natur umgeben zu sein, und sie mindern den doch erwünschten Kontrast zwischen Forst und Garten... Wie können wir uns aber in solchen Illusionen wiegen, wo auf Schritt und Tritt Fremdlinge uns begegnen, die ohne menschliches Zutun sich hier nie hätten eindrängen oder vordrängen können, wenn wir die alten Bekannten auch im Walde wiederfinden, die bei jedem Blick aus dem Fenster in den Garten wohlgepflegt ins Auge fallen. (Freiherr von Salisch, Forstästhetik, Berlin 1910)

Stärkster Nadelbaum des Landes: die Wellingtonie im Pflanzgarten am Lützenhardter Hof bei Hirsau im Nordschwarzwald. Umfang des stark abholzigen (sich verjüngenden) Stammes in Brusthöhe 7,80 Meter, Baumlänge 34 Meter

der kalifornischen Riesen und der Aussicht auf deren nicht minder riesenhafte Holzerträge hierzulande, auch wenn man anfänglich versucht war, neben den veränderten Wuchsbedingungen noch einen anderen Wachstumsfaktor zu unterschätzen: die Zeit. Die Mammutbäume der Sierra Nevada waren immerhin etliche tausend Jahre alt!

Doch da standen sie nun einmal in den Pflanzengärten, und so war es kein Wunder, daß man vielerorts aus der Not eine Tugend machte, ja, daß sie – zusammen mit anderen Ausländerinnen, wie Thuja und Chamaecyparis – zu einer regelrechten Mode wurden: Waldverschönerung, Waldästhetik führte um die Jahrhundertwende immer auch über den Anbau von Exoten!

Seither schwelt unter Forstleuten, Landschaftsgärtnern und schlichten Waldfreunden der Konflikt: War der heimische Wald plötzlich nicht mehr gut genug? Hatte er es nötig, mit Exoten aufpoliert zu werden?

Schon der Klassiker der Gärtnerei, Fürst Pückler (1785 bis 1871), hatte gefordert, daß selbst die idealisierte Natur der Parks immer auch den Charakter des jeweiligen Landes, der jeweiligen Landschaft, tragen müsse. Im Jahr 1911 riefen die Verschönerungsabsichten der Forstleute die gesamte Stuttgarter Künstlerschaft auf den Plan. Unter Führung des damaligen Oberbürgermeisters von Gauß startete man einen Pressefeldzug gegen die Überfremdung des Waldes und stellte die Forderung auf, »es möchte der Wald und insbesondere der in der Umgebung Stuttgarts nach Möglichkeit ohne Menschenhand verratende Eingriffe in seiner natürlichen Schönheit erhalten bleiben«.

Andernorts wird für die Erhaltung von Exoten gestritten. In Badenweiler drohen durch die geplante Erweiterung des Markgrafenbads auch zwei Riesensequoien Schaden zu nehmen; die stärkere von beiden wurde um das Jahr 1865 gepflanzt und ist heute das Prunkstück des an Raritäten reichen Kurparks: Mit ihrem Umfang von 6,10 Metern (in Brusthöhe) ist sie einer der stärksten Nadelbäume des Landes!

Riesensequoie im Kurpark von Badenweiler. Stammumfang 6,10 Meter

Der Weinheimer Exotenwald

Das wintermilde, spätfrostarme und sommerwarme Klima an der Bergstraße bietet nicht nur für Obst- und Weinbau günstige Voraussetzungen. Wo alles gedeiht, was gesät und gepflanzt wird, da wächst auch unter Park- und Waldbesitzern die Lust am gärtnerischen und am waldbaulichen Experiment. Schon in barocker, in kurpfälzischer Zeit entfaltete sich rings um das Weinheimer Schloß (wo 1698 bis 1700 der pfälzische Kurfürst residierte) üppige fremdländische Baumpracht. Die im Jahr 1736 gepflanzte Libanonzeder vor dem Schloß, dem späteren Rathaus, dürfte mit ihrem Stammumfang von fünf Metern an Stattlichkeit in Deutschland nirgends, in den jahrtausendelang ausgeplünderten Beständen ihrer Heimat wohl nur selten übertroffen werden.

Die Freude am Experimentieren mit ausländischen Bäumen und Sträuchern befiel auch die Grafen von Berkheim, die in der Mitte des vorigen Jahrhunderts das Weinheimer Schloß nebst Wald und Ländereien erwarben. Christian von Berkheim begann im Jahr 1863 damit, die an den Schloßpark angrenzenden Äcker, ehemaliges Rebgelände und den Kastanienwald mit fremdländischen Baumarten zu bepflanzen. Saatgut und (Topf-) Pflanzen bezog er von einer Firma in Orléans, doch soll er auch einen Teil der Sämereien im Reisegepäck von einer Amerikareise mit nach Hause gebracht haben. Auch seine Nachfahren frönten noch der kostspieligen Liebhaberei, und als im Jahr 1955 ein weniger passionierter Erbe den unterdessen herangewachsenen Wald dem Land Baden-Württemberg verkaufte, da stockten auf einer Fläche von 35 Hektar in buntem, kleinflächigem Nebeneinander sechzig fremdländische Baumarten (33 Nadelbaum-, 27 Laubbaumarten): korsische Schwarzkiefern neben Sierratannen, japanische Sicheltannen neben kalifornischen Zuckerkiefern, Riesenlebensbäume neben Atlaszedern, Götterbäume und amerikanische Ulmen, Eschen und Linden und – am meisten bestaunt – ein frohwüchsiger Bestand von mittlerweile über hundertjährigen Mammutbäumen. Die Experimentierfreude hat auch den neuen Besitzer, das Land, nicht verlassen; der Weinheimer Exotenwald dient nun als »Versuchsanlage zur Erprobung fremdländischer, zum forstwirtschaftlichen Anbau geeignet erscheinender Baumarten«. Für die Stadt ist er Naherholungsziel und Attraktion, Ziel auch zahlreicher Experten- und Studentenexkursionen. Die Weinheimer Waldbesucher wird nicht eben mehr das Fernweh übermannen beim Anblick der Exoten – das besorgen die Reiseveranstalter besser. Werden sie wohl, aus der Fremde, nach den Exoten Heimweh haben können?

Der Baum in der Kulturlandschaft – ein Nachwort

Die Rohstoffe der Erde werden knapper, einzig der Rohstoff Holz wächst nach. Heimisches Holz wird in dem Maße wertvoller, in dem die letzten Urwälder schwinden. In freier Landschaft, außerhalb von Wirtschaftswäldern und Plantagen, fällt indessen der privatwirtschaftliche Nutzen der Bäume kaum noch ins Gewicht. Um so mehr unterliegen hier die Kosten, Mehraufwendungen und Mindererträge, die sie ihren Besitzern verursachen, betriebswirtschaftlicher Betrachtungsweise: Bäume, aufgerechnet in (nicht eingefahrenen) Heu- und Erntewagen, Bäume als hölzerne Hemmnisse maschinengerechter Feldbestellung, Bäume, auf denen räuberische Drosseln und Stare Schutz finden, Schattenspender aus ferner Postkutschenzeit, die uns zu pflegeintensiven und obendrein verkehrsgefährdenden Hindernissen geraten sind. Nicht meßbar und also meist ohne Gewicht im Widerstreit handfesterer Interessen ist der ästhetische Wert der Bäume. Ästhetik suchen wir gemeinhin da, wo es uns um Wohnlichkeit und Behagen geht. Wo Landschaft zu Heimat werden soll, muß sie wohnlich und behaglich sein: Heimat, verstanden als der vertraute Ort vorwiegend guter Erinnerungen und Gefühle, wo unsere Seele Wurzeln geschlagen hat. Hier lassen sich mit Bäumen Brücken schlagen zwischen dem Wohnort und seinen Bewohnern. Bäume verbinden symbolisch auch zwischen Generationen. Sie verleihen einer Landschaft räumliche und zugleich historische Tiefe. Bäume sind die guten alten Vertrauten unserer Kinderwelt, die wir auch noch in einer weithin abstrakten und rationalen Erwachsenenwelt mit allen unseren Sinnen wahrnehmen und begreifen können. Ereignisse aus weit zurückliegender, mythischer Zeit lassen sie uns gegenwärtig erscheinen.

Haben die schönen alten Bäume erst einmal Seltenheitswert und haben wir es versäumt, rechtzeitig für Ersatz, für Baumnachwuchs zu sorgen, so kann mit ihrem – natürlichen oder von uns bewirkten – Ende einer Landschaft urplötzlich die Seele abhanden kommen. Mit einem Mal ist der Verlust der Bäume, der sich zuvor schleichend und fast unbemerkt durch die Jahrzehnte hinzog, auf Generationen hinaus nicht wiedergutzumachen – nicht mehr zu verschmerzen.